改訂版
良い人材を見抜く 採用面接ポイント

オンライン面接対応版

谷所 健一郎 著
Kenichiro Yadokoro

経営書院

はじめに

　自社で活躍する良い人材を採用することは、企業経営の根幹を担う業務です。

　採用がうまくいかなければ、数年後にじわじわと経営に対して悪影響を及ぼします。人材を採用できず倒産してしまう企業もあります。

　私は、約20年間人事に携わり、1万人以上の採用面接をおこないました。応募者が少ないときには、妥協して採用したこともありますが、採用段階で難しいと考えた社員は、戦力にならずに辞めていきました。

　成績が優秀だから良い人材というわけではありません。自社で活躍できる人材でなければ、良い人材とは言えません。採用担当者は、自社で活躍する人材を把握したうえで、マッチする人材かどうかを見極める能力が必要です。

　経営者や採用担当者向けセミナーでは、多くの方々が人を見極める難しさについて悩んでいます。自社で活躍する人材を見極められない、あるいは優秀な人材と考え採用しても定着しないといった声をよく聞きます。

　求職者は採用されたい一心で、志望動機や自己PRなどは、予め回答を用意して面接に臨んでいます。用意した回答が真実であり応募者の本心ならば、採否のジャッジは難しくないのですが、偽りであれば入社後ミスマッチを起こします。ミスマッチは、企業側にとっても大きな打撃ですが、社員にとっても不幸なことです。ミスマッチを防ぐためには、応募者の回答を鵜呑みにせず、「なぜ？」と深追い質問をおこなう必要があります。

良い人材を採用するためには、良い人材が応募しなければ見抜くこともできず、妥協した採用しかおこなえません。良い人材が応募しても、応募企業に興味を示さなければ、内定を辞退されてしまいます。良い人材を採用するためには、応募者を見極めるだけでなく、応募者から選ばれる企業になることが必要です。応募者もこれからの人生を託せる企業なのか考えているのです。良い人材が採れないと嘆いているだけでは、何も変わりません。人材を財産と捉えている企業は、今後益々成長していきます。使えない人材は辞めていけばいいと考えている企業は、常に募集をおこなっていますが、戦力になる前に辞めていくため、経費と時間のロスが発生します。

　本書は、良い人材を見抜くために、採用担当者が理解しておかなければいけないことや面接手法について書かせていただきました。2014年に「良い人材を見抜く採用面接ポイント」を執筆し、おかげさまで増刷を繰り返してきました。採用のベーシックは10年前と変わっていませんが、オンライン面接やAI（人工知能）面接など、採用手法は変化しています。AI面接の精度が上がってきていますが、微妙なニュアンスや社風に合う人材かどうかなどを見極めることが難しく、最終的な採否の判断は人間がおこないます。今回改訂版を執筆するにあたり、オンライン面接についても記載しました。

　本書は、人事担当者、採用担当者、経営者だけでなく、現場で採用に関わっている方にも読んでいただきたい書籍です。良い人材を見極める技術を高めていただき、皆さまの会社が益々発展することを願っています。

谷所 健一郎

目　　次

はじめに …………………………………………………………… *1*

第1章　採用体制を検証する　*9*

1．自社のメッセージを発信する ………………………………… *9*
2．採用プロセスを検証する ……………………………………… *12*
3．求職者の特徴を考える ………………………………………… *14*
4．学歴・企業名だけで判断しない ……………………………… *16*
5．コンピテンシーを把握する …………………………………… *18*
6．他社に打ち勝つ自社の強みを把握する ……………………… *20*
7．攻めの採用をおこなう ………………………………………… *22*
8．カジュアル面談をおこなう …………………………………… *24*
9．採用していい人・いけない人を整理する …………………… *26*
10．採用担当者の意志統一を図る ……………………………… *29*
　コラム①　イベントで求職者に興味を持たれる …………… *31*

第2章　応募書類の見極め方　*33*

1．履歴書の見極めポイント ……………………………………… *33*
　(1)　住所欄に都道府県名が記載されていない ……………… *35*
　(2)　入学・卒業年度が間違っている ………………………… *36*

- (3) 給与・待遇などの条件に固執している ……………………… *37*
- (4) 自社に向けての志望動機ではない ……………………………… *38*
- (5) 写真に眼力がない ……………………………………………………… *39*
- (6) パソコンで作成した履歴書を使いまわしている ……… *40*
- (7) オリジナル履歴書を作成している …………………………… *41*

2．エントリーシートの見極めポイント（新卒） ……… *42*
- (1) 自社に向けての志望動機ではない ……………………………… *44*
- (2) 自己 PR が漠然としている …………………………………………… *45*
- (3) アルバイト経験のみアピールしている ……………………… *46*
- (4) 企業研究がされていない …………………………………………… *47*
- (5) 思いが強く実情を理解していない ……………………………… *48*
- (6) なりたい自分が書かれていない ………………………………… *49*

3．職務経歴書の見極めポイント ………………………………… *50*
- (1) 必要最小限しか書かれていない ………………………………… *52*
- (2) 職務経歴に一貫性がない …………………………………………… *53*
- (3) 長文で書かれている …………………………………………………… *54*
- (4) 自社で生かせる職務経験がアピールされていない …… *55*
- (5) 前職の経験が 10 年以上ある ……………………………………… *56*
- (6) 複数の派遣企業をひとくくりにしている ………………… *57*

4．WEB 履歴書（応募フォーム）の見極めポイント …… *58*
- (1) 文字数が少ない ………………………………………………………… *60*
- (2) 入社可能時期が 3 カ月超える …………………………………… *61*
- (3) レイアウトが工夫されていない ………………………………… *62*

コラム②　求職者の誤りを指摘する ……………………………… *63*

第3章　面接の基本技術　　65

1. 面接官の心得 …………………………………… 65
2. 3つの見極めポイント ………………………… 68
3. 面接官に必要な3つのスキル ………………… 70
4. 面接で確認すべき5つの質問 ………………… 72
5. 応募者の視点を理解する ……………………… 76
6. 上から目線の面接をおこなわない …………… 78
7. 面接官に求められる資質 ……………………… 80
8. 面接官が陥りやすい傾向 ……………………… 82
9. 好感度を上げる面接官トレーニング ………… 84
10. 面接の進め方 …………………………………… 86
11. 応募者との信頼関係の構築方法 ……………… 88
12. 言葉のキャッチボールで見抜く ……………… 90
13. 成果や実績ではなくプロセスで見抜く ……… 92
14. マズローの法則を応用する …………………… 93
15. EQを見抜く …………………………………… 97
16. パート・アルバイトの面接 …………………… 99
17. 回答のウソを見抜く …………………………… 101
18. 適性検査を実施する …………………………… 103

　コラム③　緊張をほぐす一言 ………………… 105

第4章　オンライン面接を活用する　　107

1. オンライン面接　事前準備 …………………… 107
2. オンライン　面接の流れ ……………………… 109

3．オンライン面接 メリット・デメリット *111*
4．オンライン面接 応募者の本質を引き出す質問 *112*
5．AI（人工知能）面接について *114*

第5章　行動・態度から本質を見抜く　　　*117*

1．応募から来社までで見抜く *117*
2．控え室の態度から見抜く *120*
3．筆記試験の消しゴムの使い方で見抜く *122*
4．グループワークから見抜く（新卒） *124*
5．挨拶、語調、視線から見抜く *126*
6．退室時の動作で見抜く *128*

　コラム④　第一印象 *130*

第6章　定番質問の見極めポイント　　　*131*

1．志望動機の見極めポイント *131*
2．自己PRの見極めポイント *134*
3．長所・短所の見極めポイント *136*
4．学生時代の見極めポイント（新卒） *138*
5．職務経歴の見極めポイント（中途） *140*
6．退職理由の見極めポイント（中途） *142*
7．定番質問を変形して本質を見抜く質問 *144*

　コラム⑤　定番質問の弊害 *148*

第7章　「能力・適性」を見抜く質問　　　*149*

1．事務職　職務能力を見抜く質問 *149*

2. 営業職　職務能力を見抜く質問	155
3. 販売系　職務能力を見抜く質問	159
4. 技術職　職務能力を見抜く質問	162
5. 製造系　職務能力を見抜く質問	167
6. 管理職の能力を見抜く質問	169
7. 想定外の内容で本質を見抜く質問	171
8. コミュニケーション能力を見抜く質問	173
9. 組織適応力を見抜く質問	175
10. 責任感を見抜く質問	177
11. 論理的思考力を見抜く質問	179
12. ストレス耐性を見抜く質問	181
13. 未経験の職種への意気込みを見抜く質問	183
14. 聞きにくい質問	185
15. 応募者からの質問で見抜く	188
コラム⑥社員を巻き込む	190

第8章　内定辞退を防ぐ方法　　191

1. 内定後の応募者の心理	191
2. 採用段階の偽りをチェックする	194
3. 新卒採用の内定者フォロー	196
4. 中途採用の内定者フォロー	198
コラム⑦　内定辞退を考える	200

第9章　新入社員を戦力にする方法　　201

| 1. ブラザー・シスター制度を導入する | 201 |

2．人事あてに報告書を月1回提出させる ……………… *204*
 3．キャリアシートを活用する …………………………… *206*

付　録 *208*

現状確認シート ………………………………………………… *208*
面接見極めポイント …………………………………………… *210*
面接チェックシート（新卒採用） …………………………… *212*
面接チェックシート（中途採用） …………………………… *214*
キャリアシート（接客） ……………………………………… *216*
掲載されている質問一覧 ……………………………………… *218*

あとがき ……………………………………………………… *233*

第1章

採用体制を検証する

① 自社のメッセージを発信する

　採用業務は、求人募集をおこない採用試験を実施して、採否のジャッジをするという一見簡単なプロセスのように思えるかもしれませんが、良い人材が採れなければ、これまでの採用手法について考えてみるべきです。営業であれば、売上が落ちればすぐに原因を追及し対策を講じますが、採用においては、「今年は良い人材が集まらない」と簡単に言い訳をしてしまう傾向があり、私もそうでしたがこのような言い訳が社内で通用してきました。しかし、良い人材が集まらない状況は、応募者に興味を持たれていないのであり、他社に流れている可能性があります。

　以前知り合いの経営者から、「今年の新卒採用は、会社説明会の参加者が少ない」と相談を受けたことがありました。状況を調べてみると、求人サイトの会社説明会の案内文が、日時、場所のみ記載した定型文の案内でした。前年までは、退職した採用担当者が会社説明会の文書を作っていたのです

第1章　採用体制を検証する

が、その年は総務が掛け持ちで採用業務をおこなっており手が回らず、定型文で案内していたのです。私はすぐに文章を改め、社長の言葉で業界や会社の将来について記載し、会社説明会で社長自ら説明するようアドバイスしたところ、それまでの2倍のエントリーがありました。

　求職者は、採用担当者が考えている以上に、自分にふさわしい企業かどうかを見極めているのです。良い人材を採用するためには、求人広告、会社説明会だけでなく、SNSや自社のホームページなどを活用し、求職者に選ばれる企業になることを考える必要があります。業界や企業の将来性だけでなく、社員が生き生きと活躍している姿や具体的な仕事内容などから、求職者は入社後の自分自身の姿を想像しています。求職者にワクワク感を提供できなければ、応募があっても入社しない可能性が高いのです。

　以前中小企業の食品会社の経営者から、高卒採用と共に、大卒の新卒採用をおこないたいと相談を受けました。立地もよくないためただ求人広告を出すだけでは応募者が集まらないことが予想できました。そこで学生を集めるためのメッセージが必要だと考え、求人広告費を半分に削り、削った費用で新入社員全員、入社後すぐに食文化を知るための海外研修をおこなうというメッセージを発信したところ、予想を上回る反響があり目標人数を採用することができました。自社に興味を持ってもらうための求人広告でインパクトのあるメッセージを発信し、採用段階を通じてより強固なものにしていくことが大切なのです。

良い人材が集まらないと嘆く前に、伝えたいメッセージを的確に発信しているか考えてみてください。

採用業務で発信すべきメッセージ
・企業理念、社風、重視する価値観を伝える。
・求める人物像を伝える。
・採用ターゲットが魅力を感じるアピールをおこなう。
・キャリアパスを伝える。

作成ポイント
・簡潔でインパクトのあるメッセージを発信する。
・競合他社と差別化したメッセージを発信する。
・3C分析、4C分析、4P分析などのフレームワークを活用する。

3C分析
Customer（市場・顧客）、Competitor（競合）、Company（自社）から自社の状況を分析する。

4C分析
Customer Value（価値）、Cost（負担）、Convenience（利便性）、Communication（コミュニケーション）から求職者の視点で採用戦略を構築する。

4P分析
Philosophy（企業理念）、Profession（事業内容）、People（人材・文化）、Privilege（働き方・待遇）から自社の魅力を整理する。

第1章 採用体制を検証する

❷ 採用プロセスを検証する

　採用業務は、求人戦略の構築から始まり、応募者が入社し配属後定着するまでだと考えます。採用担当者のなかには、面接で採否の判断をすることが採用業務だと考えている方がいますが、採用した人材が戦力になるまでが、採用業務なのです。応募者は、採用担当者から企業の善し悪しを判断します。入社を決断するということは、採用担当者を信頼している証です。入社後は配属部署に任せているので関係ないというようでは、せっかく入社しても新入社員は落胆するだけです。

　採用プロセスの流れのなかで、採用試験は特に重要な過程ですが、**当たり前のようにおこなっている採用試験について、実は応募者から不信感を持たれている可能性があります。**

　「求人募集には、3次面接までと書かれているのに、1回の面接で内定をもらった」という相談を受けたことがあります。企業側からすると早く内定を出したのだから何が悪いと思うかもしれませんが、本当に自分を理解したうえで採否を判断しているのか不安に感じていました。誰でも構わず内定を出しているのではといった懸念を抱いていたのです。

　一方、応募から最終選考が終わるまで数カ月かかる企業もあります。特に中途採用であれば、生活がかかっており、離職中の応募者にとって数カ月間待たなければいけない状況は厳しいものがあります。採否の連絡がこなければ企業に直接確認すればいいことなのですが、確認することで採否に影響

するのではと応募者は悩んでいるのです。

　役員面接まで何度も面接をおこなう企業がありますが、毎回志望動機や自己PRといった同じ質問を繰り替えし、形式的な面接をおこなっていては、求職者の入社意欲も失せてしまいます。形式的な面接を繰り返す企業は、とりあえず次の面接に回そうという気持で面接をおこないますので、定番質問だけで応募者の本質を見極められない面接が繰り返されます。応募者の立場を考えれば、新卒採用であっても、採用試験から内定まで1カ月位で結果を出すべきです。中途採用では、2週間から3週間で採否の結果を出すようにしたいものです。面接回数も多くても3回に留め、それぞれの面接で見極めるポイントを明確にすべきです。だらだらと引っ張っていれば、他社が先に内定を出し応募者の気持が変わってしまう可能性があります。

採用までのプロセス
求人戦略 ➡ 求人募集 ➡ 応募受付 ➡ 筆記試験（書類選考）➡ 面接 ➡ 採否の決定 ➡ 内定通知 ➡ 内定者フォロー ➡ （内定者研修）➡ 受入準備 ➡ 入社 ➡ 研修 ➡ 配属 ➡ 配属後のフォロー

第1章　採用体制を検証する

❸ 求職者の特徴を考える

　やりたいことを実現したいといった目標や目的をもった就職、転職ではなく、労働環境や安定性を優先する求職者が増えています。**求職者に歩みよる必要がないと考えていては、採用はうまくいきません。選ぶためには選らばれる企業になる必要があります。**

　新卒採用では、実務経験がないため企業の知名度が先行し、有名企業や大企業を第一志望とする傾向があります。やりたいことではなく、世間体を気にする学生もいます。大学のなかには、１年生から就職関連の授業をおこない、民間企業では有料で就職支援をおこなっていますので、エントリーシートの書き方や面接については相当なトレーニングを受けて臨む学生が増えています。彼らの本質を見極めるためには、実務能力の適性を見極めたうえで、仕事に対してのポテンシャルと自社への本気度が採否のポイントになります。新卒採用では、会社説明会から採用プロセスを通じて、自社への思いを強くしていく策略を講じます。自社の魅力を伝えながら、応募者の本質を見極めるのです。面接時に業界や自社の研究がされていないと嘆く面接官がいますが、別の見方をすれば、魅力的な会社説明会がおこなわれていないといえるかもしれません。社会人経験のない学生に多くの期待をするのではなく、採用プロセスを通じてやるべきことを把握してもらい、モチベーションを高めていくことも採用業務なのです。

　中途採用では、長い短いに関わらず社会人経験があるため、

応募先企業では前職の失敗をしたくないと考え、労働条件や待遇面にこだわり慎重になる傾向があります。中途採用では、応募者の意欲や熱意だけでなく、即戦力としての実務能力を的確に把握し採否を決定する必要があります。短い面接時間で求めている実務能力があり戦力になる人材かどうかを見極めなければいけないのです。

　在職中の応募者のなかには、良い条件の企業があれば転職してもいいくらいの気持で、転職活動をおこなっているケースもあります。このような応募者は、入社時期が曖昧であり、内定を出しても辞退する可能性があります。必要な人材であれば、転職を決断させるために現職以上の魅力を打ち出す必要があるのです。

中途採用では、必ずしも職務経歴書に記載されている内容や面接の回答が正しいとは限りません。採用されたいがために、短い経験でも強調してアピールしていることもあります。面接では、実務に関連した具体的な質問をおこない応募者の本質を見極めて、入社後のミスマッチを防ぐ必要があります。

押さえておきたい求職者の特徴

・誇張したアピールをおこなう可能性がある。
・応募時から入社意欲が高いとは限らない。
・中途採用は市場価値を見極めていることがある。
・中途採用は失敗したくない意識が強い求職者がいる。

第1章　採用体制を検証する

❹ 学歴・企業名だけで判断しない

　中小企業の経営者のなかには、一流大学や一流企業だからという理由で、優秀な人材だと判断してしまう傾向がありますが、自社で受け入れる体制が整っていなければ、採用はできても活躍する人材として生かすことができません。新卒採用であれば、実務経験がないため、少なからず大学名で能力を判断することは止むを得ませんが、なぜ自社へ応募しているのか見極める必要があります。

　中途採用では、学歴や前職の企業名ではなく、自社が求める人材としての職務能力を重視しなければいけません。学歴や前職の企業名に左右されず、即戦力としての職務能力を見極め、自社の状況を説明し、やるべきことを十分理解させたうえで、お互いに納得しなければ自社で活躍する良い人材にはならないのです。

　自社で受け入れる環境が整っていることをチェックし、問題があれば改善していくことも必要です。別の見方をすれば、一流大学や一流企業出身者を採用しても活躍できない環境を改善しなければ、いつまでたっても採用できる層が限定されてしまいます。特に労働環境の整備は経費もかかりますが、優秀な人材を採用するためには、検討すべき事項です。これまでの求職者とレベルが違うと喜ぶ前に、レベルの高い求職者を受け入れる環境を整えることが先決かもしれません。

　管理職候補の採用でも前職の肩書が立派だから、自社でも能力を発揮するとは限りません。何でもいいから改善してほ

しいと曖昧な要望で採用しても、能力を発揮できないだけでなく既存社員とうまくいかず辞めていくことが多いのです。採用段階で具体的にやるべきことを明確にしたうえで採用すべきです。学歴や企業名を全て否定するわけではありません。一流大学や一流企業に入社した能力は評価すべきですが、過去の経歴だけで判断するのではなく、総体的な評価の一部分に留めるべきです。

　中途採用では、転職回数が多い、あるいはブランク期間が長いという理由で、書類選考で不採用にする企業がありますが、事務的に回数や期間でふるい落す採用は問題があります。明らかに求めている人材と異ならない限り、面接で応募者の本質を確認したうえで、採否の判断をすべきです。私の知人は、20代に転職を繰り返し通常ではなかなか採用されないような人材でしたが、現在、上場企業で役員まで昇格しています。転職回数が多い、ブランク期間が長いといったネガティブな要因があっても採用してくれた企業に対して、最大限の努力を惜しまない人材もいるのです。**過去の経歴は採否の判断材料ですが、絶対条件ではありません。先入観を持てば面接における判断を誤ります。**企業のなかには、新卒採用で、学校名を伏せて応募させる企業もあります。採用は自社で活躍できる人材を採用することなのです。

第1章 採用体制を検証する

❺ コンピテンシーを把握する

　学歴や前職の企業名に左右されない採用をおこなうためには、自社のコンピテンシーについて把握してください。コンピテンシーとは、企業で高い成果を上げている人の行動特性や仕事のフレームワークという意味ですが、企業や職種により異なります。入社後3年から5年で成果を上げている社員をピックアップし、どの部分が優れているのか分析したうえで、採用においても共通の特性がある応募者を採用することで、自社で活躍する人材を採用できるのです。

　適性検査を実施している場合は、採用時の結果から分析してみてください。チャレンジ志向が強い、ストレス耐性が高い、コミュニケーション能力がある等、際立った特性があれば、自社で活躍する人材の要因になります。

　データだけで判断せず、配属部署の上司にヒアリングしてみることで、新たな気付きがあるかもしれません。例えば否定的な言葉を使わないという要因があれば、面接時に失敗経験について質問をすることで、応募者が失敗を責任転換せず経験を糧として捉えている応募者は、コンピテンシーと合致するのです。

　入社後3年から5年で活躍している社員は、会社説明会にぜひ参加させてください。新卒の学生は、10年、20年先を想像するのではなく、比較的年齢の近い社員を自分に置き替えて入社後の姿をイメージします。意欲や熱意がある応募者でも、企業の実態を理解せず入社すれば能力を発揮できないこ

とがあります。話が上手い点を評価し採用しても、調子がいいだけの人材かもしれません。自社で活躍できる要因や適性を分析し、具体的な見極めポイントを設定することで、採用後のミスマッチが防げるのです。

コンピテンシーモデルと照らし合わせて100％合致していなくても、どの部分が不足しているのか把握したうえで、弱い部分について面接で確認することができます。コンピテンシーを理解していれば、求人広告にも必要な特性を強調した募集をおこなうことができます。コミュニケーション能力を求めるならば、コミュニケーション能力を求めるスキルとして打ち出すのです。

採用は目標人数を採用することが目的ではなく、自社で活躍する人材を採用することが目的であり目標なのです。そのためには、活躍する人材の特徴を採用担当者が理解し、より近い人材を採用することが大切です。

コンピテンシー例
・コミュニケーション能力・責任感
・チャレンジ志向
・目標達成能力
・達成志向
・ストレス耐性
・協調協力性
・持続力

第1章 採用体制を検証する

6 他社に打ち勝つ自社の強みを把握する

　良い人材を採用するためには、他社に打ち勝つ自社の強みを明確にしてください。採用担当者が理解しているだけでは、応募者に伝わりません。応募者は企業の強みや魅力に魅かれて応募してくるのです。良い人材が集まらない企業であれば、自社の強みが求職者に伝わっていない可能性があります。

　会社説明会や面接で厳しさを強調する採用担当者がいますが、厳しさだけでは入社意欲は高まりません。厳しくても期待できる将来像が伝わらなければ、優秀な人材は他社を選択します。

　採用業務は、他社との戦いだと捉えてください。同業界の求人内容をチェックし、自社で改善できる点はすぐ実行してください。

　以前私がエステティック業界の採用をおこなっていたとき、競合他社も優秀なエステティシャンを採用するために必死でした。店舗はオープンできても、スタッフが揃わなければ営業はできません。他社に打ち勝つために、労働集約性の業務でしたので1日の労働時間を増やして、週休3日制で募集をしました。当時完全週休2日制もままならない企業が多いなかで、正社員でありながら週3日休める条件は魅力的であり、多くの応募があり優秀な人材を採用できました。

　マイナス面についても、説明会や面接で改善していることを伝えれば、応募者の不安を払拭できます。求職者は、現状に問題点があっても、今後につながる発展性を実感できれば共感するのです。

他社より優れているものがないと嘆いているようでは、求職者の気持を動かすことができません。

　強みは、自社の特徴として置き換えることもできます。業界トップでなくても優れた技術や商品であれば、十分アピール材料になります。他社に打ち勝つ自社の強みについて、箇条書きで書き信憑性を持たせるために、具体的な事例を添えます。そして書き出した内容を求職者に伝えることで、彼らの気持を動かすことができるのです。

　自社の強みと将来像を熱く語る面接官の言葉に応募者は心を動かし、入社を決断するのです。

自社の強みを認識する。
・自社商品の特徴・優位性
・売上高・経常利益
・同業他社と比較した位置づけ
・人事定着率
・労働環境
・平均給与
・新規業態　　等

自社の現状と将来像を語れる面接官になる。
・売上高、経常利益、資本金、自己資本比率、市場占有率等を理解する。
・自社の新規事業計画や将来像について、公開できる範囲で説明を行う。

(参考　P208　現状確認シート)

第1章 採用体制を検証する

❼ 攻めの採用をおこなう

　求人募集を出せば応募者が集まるわけではありません。自社で活躍する人材を採用するためには、求職者に伝えたいメッセージを明確にしたうえで、ターゲットとなるより多くの求職者に伝える戦略が必要です。優秀な人材が集まらなければ、求人媒体の検討や掲載内容の見直しをおこなってください。

　合同会社説明会でも、ブースを出すだけでは求職者は興味を持たれません。インパクトのあるポスターや映像を掲載し、求職者の年齢に近く活躍している社員に説明させるなど、求職者を立ち止まらせる工夫をしましょう。

　全社をあげて良い人材を採用する積極的な採用活動が、求職者に良いイメージを与えます。可能であれば経営者や配属部署の上層部を巻き込んだ採用をおこなってください。**経営陣が採用活動に積極的な企業は、社員を大切にする風潮になり、既存社員の意識も変わります。**人事部門だけで採用をおこなうのではなく、他部署の社員も必要なときに参加してもらう採用体制を構築します。良い人材を採用するためには、求人媒体の告知方法、採用プロセスの見直しだけでなく、自社に入社したいと決断させるための口説く戦術に切り替えることが大切です。

　求人サイトのなかには、応募を待つだけでなくスカウト機能を使い、求職者にアプローチできる機能があります。経験者を採用する場合は、人材紹介会社、人材銀行、ヘッドハン

ティングなど活用し、求める人材を効率よく採用することも可能です。

採用業務は、営業活動と似ています。待っているだけで売れる商品などごく僅かです。顧客に商品の良さをどのように伝えるか戦略を講じることで売上につながるのです。顧客に直接商品の良さを説明し、購入したい気持に誘導します。採用も求職者に積極的に自社の魅力を告知し、採用段階で応募者に対して、ぜひとも入社したい企業に誘導するのです。

攻めの採用とは、求職者に自社の良さを伝え、応募を促すことを積極的におこなうことです。職種による求人媒体の見直しも必要かもしれません。SNSを活用し求職者に近づく戦略も効果があります。社内でリクルーター制度を実施し、社員の出身校の学生に積極的にアプローチすることや、退職した社員が再入社するジョブリターン制度やアルムナイ制度といった再雇用制度を検討してください。

今後グローバル化に伴い、外国人の活用が必要な企業も増えてきます。海外で優秀な人材を採用する戦略も検討すべきかもしれません。

攻めの採用手法
・求人サイトのスカウト機能を使いアプローチする。
・イベントでは、ブースの見せ方を工夫し求職者を呼び込む。
・社員リクルーター制度、紹介制度・再雇用制度を設ける。

第1章 採用体制を検証する

⑧ カジュアル面談をおこなう

　求職者は自分に合う企業かどうかを見極めたいと考えています。選考前におこなう仕事内容や企業概要の説明をおこなうカジュアル面談をオンラインなどでおこなえば、求職者が企業にアプローチをするハードルが下がります。

　服装などもカジュアルな服装で面談をおこなうことを告知すれば、求職者の緊張感も和らぎます。

　特に中途採用は、面接時に仕事内容などの説明をおこなうことが多いですが、選考段階の面接では、応募者から確認しづらいことがあります。

　配属予定部署の社員がカジュアル面談をおこなえば、求職者も質問しやすいですし、企業も求める人材とマッチするのか確認できます。また活躍が期待できる人材であれば、応募を促すことができます。

　良い人材を採用するためには、求職者との繋がりを持つことが大切です。**求人募集や自社の採用ホームページにカジュアル面談をおこなっていることを打ち出すことで、応募者の増加が期待できます。**

　採用側と求職者側との理解を深めるカジュアル面談を検討してください。

カジュアル面談と面接の違い

	カジュアル面談	面接
目的	相互理解	選考の一部
関係	同等な立場	企業が選考
内容	双方の会話	企業が質問
採否	なし	あり

カジュアル面談の企業メリット

・企業にアプローチするハードルを下げる。
・自社の魅力を伝えらえる。
・求職者の本質が見極められる。
・求職者の疑問が解消できる。
・応募を促すことができる。
・採用後のミスマッチを防ぐ。

カジュアル面談の企業デメリット

・関連しない話題などで、時間が伸びることがある。
・面談者によって面談の成果が異なる。
・親しくなり面談の目的とかけ離れる可能性がある。

第1章　採用体制を検証する

❾ 採用していい人・いけない人を整理する

　採用担当者が、採用していい人、いけない人について整理していないと、行き当たりばったりの採用をおこなうことになります。**採用してもいい人は、新卒採用、中途採用を問わず、仕事に対してのポテンシャルが高いことが大切です。さらに企業で必要とする専門知識や技術が求められています。**一方、採用していけない人は、採用していい人と反対の応募者なのですが、適性がなく職務能力が劣っているだけでなく、仕事への意欲が希薄な応募者の採用は難しいと言えます。

　採用試験で全てをチェックするのは難しいかもしれませんが、特に採用してはいけない人に該当しないか見極めることが大切です。例えば能力は優秀でも相手の気持を汲み取れない人が入社することで、周囲のチームワークを乱す可能性がありますし、指示待ちの行動しかできず受身で仕事をする人であれば、成果を上げられず社内の雰囲気を乱すことがあります。

　必要のない資格を取得している場合、方向性が定まっていない可能性があり、採用しても定着しないこともあります。本質を見極めず、何となく感じがいい、あるいは実務能力があるから採用するようでは、採用のミスマッチが起こる可能性が高いでしょう。採用していい人、いけない人について整理してみてください。

採用していい人

・仕事に対してポテンシャルが高い。
・求めている知識、技能、経験がある。
・問題改善意識があり行動に移せる。
・前向き志向で仕事をおこなう。
・相手の気持を汲み取れる。
・失敗を糧として次につなげる。
・協調性がある。
・約束を守れる。
・我慢強く諦めない。
・集中力ある。
・自社の事業に共感している。
・自社でキャリアビジョンを実現できる。
・自己分析ができている。
・入社意欲が高くやるべきことを把握している。

採用していけない人

・嘘、偽りがある。
・自分を正当化する。
・職場に馴染めない雰囲気がある。
・職務能力や適性に問題がある。
・仕事への意欲を感じられない。
・約束を守れない。
・入社意欲、熱意を感じない。
・話が聞けない。

第1章 採用体制を検証する

- 行動に二面性がある。
- 仕事に対してポテンシャルが低い。
- ネガティブに捉える。
- 積極性、問題改善意識がない。
- 自社の事業を理解していない。
- 今後の方向性がわからない。
- 自慢話が多い。
- 理解力が欠ける。
- 社風に合わない
- 協調性がない。
- 責任感がない。
- 自己管理能力が低い。
- 自己評価が著しく低い。（高い）
- 自己主張が強い。

⑩ 採用担当者の意志統一を図る

　複数の採用担当者が面接をおこなう場合、採否の判断についてのコンセンサスを事前にとる必要があります。面接官の好き嫌いや感覚で採用をおこなえば、採用はできても活躍できる良い人材を採用できない可能性があります。採用担当者が募集の目的、求める人物像などを共通した認識で捉えているか確認をしましょう。特に１次面接を営業部門など他の部門に依頼する場合は、事前の打ち合わせが重要になります。

　採用業務は、チームプレイが大切です。直接面接をおこなわない採用担当者にもきちんと説明をおこない、受付や控え室の態度などをヒアリングすることで、応募者の本質を見極めることができます。

　採用担当者の意志統一を図ることで、採用すべき人材が明確になります。複数の面接官で採用をおこなう場合は、お互いに模擬面接をおこなうことで、面接技術のスキルアップが図れます。特に模擬面接で応募者側になると、応募者の気持を理解でき面接に生かすことができます。

　採否の判断について不安な場合は、他の面接官に意見を求めることも可能です。面接前に確認シートを作成することで、共通した認識で採用業務をおこなうことが可能になります。

　求人募集は、募集の目的、求める人材、必要なスキル・経験など採用担当者だけでなく配属予定部署と情報を共有する必要があります。

第1章 採用体制を検証する

面接前確認シート

応募者に説明する自社の強み、魅力

・

・

自社の弱点と改善に向けておこなっていること

・

・

今回の募集の目的

・

・

募集職種の具体的な職務内容

・

・

求める人物像

・

・

必要なスキル、経験

・

・

採用までのプロセス（面接日程、内定後から入社までの日程）

コラム① イベントで求職者に興味を持たれる

　就職や転職イベントでブースを出し、求職者に説明をする企業も多いと思いますが、多くの求職者が集まっているブースと求職者が集まらないブースがあります。知名度や職種により求職者の集まり方は違いますが、それだけではありません。求職者が立ち止まるようなディスプレーをおこない、求職者と同年代の社員を同席させてみてください。ディスプレーは、自社の特徴や独自性をアピールします。さらに生き生きと働く既存社員の姿をビジュアルで提示することで、求職者は同年代の活躍している社員を、自分の姿と照らし合わせます。ブースの前で求職者に声をかけることが許されるならば、座って待つだけでなく勧誘もしてください。採用担当者が求職者に興味を持たれないと諦めてしまえば、求職者にその気持が伝わります。自社の魅力をどうしたら伝えられるか、考えてみてください。

第2章

応募書類の見極め方

❶ 履歴書の見極めポイント

　良い人材を見極めるうえで応募者の提出書類は重要ですが、記載されている内容についてチェックできるスキルがなければ、応募者の本質を見抜くことはできません。提出された書類を基に面接をおこないますので、書類のチェックが良い人材を採用するために大切です。

　履歴書のポイントは、記載されている志望動機から自社への入社意欲や職務能力を見極めることができます。住所が遠隔地であれば、通勤の問題についても検討しなければいけません。希望条件欄に記載されている内容が、自社の条件と異なれば、優秀な人材でも採用は難しいかもしれません。

　資格欄に応募職種と関連しない資格が多く記載されていれば、本来希望する職種ではないのかもしれませんし、資格マニアで仕事より職種に関連しない自己研鑽に集中することが予測できます。手書きで書かれた履歴書から、応募企業への意欲や人と成りをチェックします。字が上手い下手ではなく、

第2章　応募書類の見極め方

丁寧に記載されている履歴書であれば、仕事も丁寧な仕事を行うことが予測できます。市販の履歴書とフォームが違うオリジナルの履歴書を作成し提出する応募者に対して、書きたいことだけを記載している可能性がありますので、面接で記載されていない事項について質問してください。

履歴書の見極めポイント

チェック項目	職務能力	志望意欲	労働意欲	定着性
写真がスナップ写真で眼力がない		○	○	
住所欄に都道府県名が記載されていない	○	○		
パソコンで作成した履歴書を使いまわしている		○	○	○
学校名や企業名が正式名称で記載されていない	○	○	○	
入学・卒業年度が間違っている	○			○
6カ月以上の不明なブランク期間がある				○
多分野の資格を取得している				○
士業の資格を目指している。（目指していた。）		○		○
通勤できない遠隔地から志望している	○	○	○	
待遇面に固執する		○	○	○
オリジナルの履歴書を作成している		○		○
自社に向けての志望動機ではない		○		○
自己PRの内容が漠然としている	○	○		
多彩な趣味が記載されている			○	○
退職理由がすべて一身上の都合と記載されている	○			○

○は問題がある分野

(1) 住所欄に都道府県名が記載されていない

　何気なく履歴書を読んでいると見落としがちなのが、住所欄です。住所欄に都道府県名から記載されているかどうかチェックしてみてください。履歴書が応募企業に提出する正式文書であれば、**都道府県を割愛せず正式な住所を記載します。都道府県から記載するか否かで、応募者の志望意欲が読み取れます。**都道府県だけでなく、マンションやアパート名が記載されていない場合も同様です。確かに郵便物は届くかもしれませんが、志望意欲があまりないだけでなく、要領はいいのですが、いい加減な仕事をおこなう可能性がありますので、面接でチェックしてください。

　不採用が続いている応募者の履歴書は、とにかく書けばいいという気持で、雑な字で略して記載する傾向があります。

　学校名や企業名を高校や（株）と略して記載している応募者についても面接で仕事への姿勢や自社への思いを確認すべきです。住所欄は履歴書のトップにあり、手書きであれば最初に記入する欄です。字が上手い下手ではなく、どのような思いで記載しているのか読み取ってください。

予測できること

・簡略に記載されていれば、入社意欲を疑う。
・不採用が続いており雑に記載している。

第2章 応募書類の見極め方

(2) 入学・卒業年度が間違っている

　学歴で記載された入学、卒業年度についてチェックしてください。年度が違っていれば、その後の職務経歴の年度についても誤っている可能性があります。注意力が足りないだけであれば、修正した履歴書を提出させればいいのですが、故意に記載している場合は問題があります。通常中学校の入学年度は、生まれた年から13、高等学校は16、大学は19を加えた年度になります。早生まれ（1月～3月生まれ）の場合は、前年度で計算してください。誤りがないか入学・卒業年度をチェックしてください。入学・卒業年度を誤って記載する応募者は、注意力に欠けている可能性があります。仕事でも思い込みで進めてしまうため、大きなトラブルを引き起こすかもしれません。誤りに気付いたら本人に指摘をしてください。このときの応募者の反応から仕事の取り組み方をチェックできます。**誤りを素直に認めて対応できる応募者であれば見込みがありますが、言い訳が先に立つようであれば、責任感がなく改善能力に欠ける応募者だといえます。**

　記載されている内容に疑いを持ってチェックすることで、応募者の本質を見極めることができるのです。

予測できること

・注意力に欠けている。
・思い込みが強く余裕がない。

(3) 給与・待遇などの条件に固執している

書類提出の段階で、給与、待遇面に固執している応募者は、条件面だけで応募している可能性があります。履歴書で給与に固執する応募者は、**実力がないため入社後の昇給や昇格の可能性が少ないと考え、入社時の条件にこだわるのです。**本来面接で実力を示したうえで交渉すべきなのですが、実力に自信がないため予め記載していることが考えられます。

条件面で入社を決める応募者は、さらに良い条件の企業があれば定着せず転職しますので、面接時に仕事の姿勢や将来像について確認すべきです。

求人募集で掲載している以上の希望条件を記載している応募者であれば、実力を過信しており、既存社員とうまくいかない可能性があります。経験豊富な応募者でも入社すれば新入社員として実績を積み上げていく謙虚さがなければ、戦力になる人材とはいえません。

給与・待遇面にこだわる応募者は、条件を満たして入社してもすぐに新たな要求をすることもありますので、慎重に採否の判断をしてください。

予測できること

・実力に不安があるため採用時の条件にこだわる。
・仕事内容より条件面で転職する。

第2章 応募書類の見極め方

(4) 自社に向けての志望動機ではない

志望動機は、求められている職務の理解度と、自社に向けた志望動機であることをチェックすることで、第一志望かどうかを見極めることができます。**志望動機で企業の状況のみ志望動機としている場合、企業に貢献していきたい気持が感じられず、自分本意な応募者の可能性があります。**これまでの経験を生かして貢献していく意欲と、多くの企業のなかから応募企業だからこそ入社したい理由が記載されていれば、第一志望の応募者であり入社後の活躍が期待できます。

不採用が続いている応募者は、企業研究が疎かになりどの企業でも当てはまる志望動機を記載する傾向があります。面接で、多くの企業のなかでなぜ自社なのか確認してください。

中途採用では、これまで経験してきた職種と合致するという理由のみでは、定着しない可能性があります。

スペースぎっしり小さな字で記載する応募者がいますが、思い込みが強い応募者で入社後ミスマッチの原因になるかもしれません。面接時に厳しい面を含めた職務内容を説明し、反応をチェックしてください。

予測できること

・漠然とした志望動機は、第一志望ではない。
・企業の魅力のみでは、実務能力に疑問がある。

(5) 写真に眼力がない

　履歴書の写真から、応募者の仕事への意欲、熱意が読み取れます。面接でもいえることですが、眼力がある応募者は、仕事に自信があり入社意欲も高い応募者です。逆にスナップ写真の応募者は、入社意欲が低く、いい加減な仕事しかできない可能性があります。高額な写真館でなくても構いませんが、写真館で撮影していることから、真剣に取り組む姿勢を感じるのです。

　写真だけで全てを把握はできませんが、写真の表情は、言葉以上に信憑性がありますので、特に眼力から仕事への意気込みを確認してください。

　応募者の人となりが写真から読み取れますが、**組織に適応性がない応募者は、表情も暗く覇気を感じません。**仕事はチームワークが大切ですから、写真で不安があれば、面接時にチームで携わった仕事について質問をしてみましょう。

　仕事は、個人の実力だけでなく周囲の協力や人間関係が大きく影響します。写真から何か解せないものがあれば、面接でスルーせずチェックしてみてください。

予測できること

・眼力のある応募者は、入社意欲が高い。
・好感が持てない写真は、人間性での問題を疑ってみる。

第2章 応募書類の見極め方

(6) パソコンで作成した履歴書を使いまわしている

　WEBで履歴書フォームをダウンロードして履歴書を作成することは、手書きの履歴書と違い一度作成してしまえば、必要な箇所を修正して何度も使用することができます。学歴などは修正する必要はありませんが、**志望理由や自己PRは、自社向けに記載していて、日付が提出日になっているか確認をしてみましょう。**

　どの企業でも通用するような漠然とした志望理由や自己PRであれば、志望意欲が高くない可能性があります。仕事に細心の注意を払わず、手を抜くタイプの人材かもしれません。

　また文字の大きさがスペースを埋めようと考えて大きな文字で記載していれば、アピールすべき内容が少ない人材かもしれません。一方小さな文字で文字数が多い履歴書も読み手の立場を考えていない履歴書になります。パソコンで作成した文字の大きさは、10.5Pから11Pが読みやすいでしょう。

　また履歴書や職務経歴書で使用するフォント（書体）は、明朝体が落ち着いたイメージを与えて一般的です。変わったフォントで記載している場合は、他の応募者と差別化した履歴書を提出したいと考えているのかもしれません。

予測できること

・自社向けの内容でなければ、履歴書を使いまわしている。
・読みやすい文字の大きさやフォントであれば丁寧な仕事をする。

(7) オリジナルの履歴書を作成している

市販の履歴書やWEBでダウンロードした履歴書フォームではなく、オリジナルの履歴書を提出する応募者は、規制のフォームを使用しないことで他の応募者との差別化を意識している可能性があります。また履歴書フォームに記載されている項目を記載したくないため、意図的にオリジナルの履歴書を選択することもあります。

欧米で使用している履歴書と職務経歴書が合体したレジュメを意識して、オリジナルの履歴書を作成している可能性がありますが、**提出書類として履歴書、職務経歴書を指示しているなかで、オリジナルの履歴書を職務経歴書と合わせたレジュメを提出する場合、注意力に欠けている可能性も否定できません。**

提出書類を指定しているにも関わらず、異なる書類を提出する場合は、面接でオリジナルの履歴書を提出した意図について確認をしてみても良いでしょう。

予測できること

・他の応募者との差別化を意識している。
・英文レジュメを意識している。
・協調性がない可能性がある。

第2章　応募書類の見極め方

❷ エントリーシートの見極めポイント（新卒）

　新卒採用では実務経験を評価できないので、これまで学んできたこと、アルバイト経験、自己PR等から見極める必要があります。特に仕事への意欲とストレス耐性は、見極めポイントであり、志望動機、自己PRだけでなく、失敗経験などを記載させてチェックします。抽象的な内容ではなくこれまでの経験を盛り込み記載しているかどうかを見極めてください。

　新卒採用では、未経験のため多くの業界や職種を比較しているケースもありますが、採用試験で提出させたエントリーシートであれば、業界研究、企業研究を十分おこなって記載しているかチェックしてください。採用試験の段階で他の業界を検討しているようでは、内定辞退や採用しても定着しない可能性があります。会社説明会、採用試験の段階で自社が第一志望にならなければ、採用は十分検討すべきでしょう。

　サークル活動では、上下関係や役割を全うできたか、アルバイト経験では、人間関係や実務面に関連するスキルについて見極めます。エントリーシートの書き方について、マニュアル本や学校の指導で習得していますので、記載内容の信憑性について、さらに突っ込んだ質問を面接でおこない、本質を見極めることが大切です。

エントリーシートの見極めポイント

項目	適性・能力	志望意欲	ストレス耐性	定着性
自社への志望動機ではない	○	○		○
学生時代のアピールのみ記載	○	○		○
自己PRが漠然としている	○	○		○
他者評価が記載されていない	○		○	○
アルバイト経験のみ記載している	○			○
学業との関連性がない	○	○		
短所で改善意識がない			○	○
キャリアプランが記載されていない		○		○
文章力が劣る	○	○		
友人関係が希薄			○	○

○は問題がある分野

第2章 応募書類の見極め方

(1) 自社に向けての志望動機ではない

　会社説明会の内容や資料を十分理解したうえで記載されているべきです。ホームページの内容をそのまま記載しているようでは、第一志望ではありません。学業やアルバイト経験など志望動機につながるエピソードが盛り込まれており、さらにやりたいことが自社で求めている人材と合致していなければいけません。但し求人情報や会社説明会で、情報を提供していることが、前提になります。

　店舗がある企業であれば、志望動機から店舗へ行ったことがあるかをチェックします。またやりたいことだけでなく、やるべきことを把握して書かれているかを見極めてください。

　業界や職種への思いと、多くの関連企業のなかでなぜ自社なのかが、わかりやすく記載されていることがポイントです。

　エントリーシートで志望動機に疑問があれば、面接時に他社ではなくなぜ自社なのか質問してください。自社の独自性や強みを説明していても曖昧な回答であれば、採用を十分検討すべきです。

予測できること

・第一志望ではなく内定辞退の可能性がある。
・就職の意識が薄く、やりたいことが別にある。

(2) 自己PRが漠然としている

新卒採用では、通常会社説明会を実施しますので、応募者は求められている人物像を想定しやすいのですが、**自己PRが漠然としており自社の職務と関連性がなければ、仕事への意欲が低く適性や能力でも疑問があります。**

実務経験がなくても応募企業でやるべきことを理解している応募者は、これまで学んだことやアルバイト経験を交えて、発揮できる能力をアピールします。抽象的な内容であれば、自己分析ができていないため、もっと自分には向いている仕事があると言い訳をして、辞めてしまう可能性があります。自己PRの結論を最後に記載する応募者は、コミュニケーション能力に問題があるかもしれません。結論を後回しにすることで、何を伝えたいのか読み手が理解しにくいケースがあります。自己PRは、アピール内容だけでなく読みやすく書かれているかもチェックしてください。

自己PRに経験事例が書かれていない場合は、面接で確認してください。自分自身の強みを理解している応募者であれば、仕事でもやるべきことを見出せます。

予測できること

・自己分析ができていない。
・適性や能力に問題がある。

第2章　応募書類の見極め方

(3) アルバイト経験のみアピールしている

　学生時代の出来事が、アルバイト経験やサークル活動のみ記載されている場合、学業について面接で確認をしてください。アルバイトやサークル活動もアピール材料になるものの、**本業である学業で学んだことやエピソードがないようでは、問題があります。**アルバイト経験については、携わった経験期間についても面接で確認してください。数週間の経験を強調して記載するようでは、無理やりアピール材料を探しているだけに過ぎません。長期間、同じアルバイトを経験し、正社員と変わらない仕事をおこなってきた学生であれば、実務面では期待ができますが、アルバイト経験が長いだけに新社会人としての素直さや覚えていこうとする貪欲さに欠けることがありますので、面接で見極めてください。

　アルバイトやサークル活動のみ記載する応募者について、今後のキャリアビジョンについてチェックしてください。例えば演劇に打ち込んできた学生が、卒業後も本当は演劇を続けたいケースもあります。就職は、サークル活動やアルバイトの延長ではありません。気持を切り替えて臨む姿勢が求められます。

予測できること

・学業でアピールできることがない。
・やりたいことが仕事ではない可能性がある。

(4) 企業研究がされていない

　自社で求めている人物像を想定して書かれているかチェックしてください。文章が素晴らしくても自社で必要とするスキルや経験と関連性がなければ、第一志望ではなく企業研究も疎かにしている可能性があります。

　面接では回答内容だけでなく、応募者の表情や態度から本気度を見極めますが、エントリーシートでも**抽象的な表現ではなく、応募企業で発揮できる能力を意識して記載されていれば、第一志望であり本気度は高い**でしょう。

　会社案内や募集記事をそのまま引用しているようでは、場当たり的に記載した可能性があります。求められている職務や人物像に対して、これまで学んできたことや経験を裏付けとして信憑性のある内容で書かれていなければ、多くの企業のなかの1社に過ぎないかもしれません。企業研究をしている応募者は、良い部分だけでなく、仕事の厳しさや越えなければいけないハードルについても理解しています。志望動機や自己PRの内容から、企業研究をおこない入社後の姿をイメージして書かれているかチェックしましょう。

予測できること

・多くの企業のなかの1社に過ぎない。
・仕事に対して意欲や興味が薄い。

第2章 応募書類の見極め方

(5) 思いが強く実情を理解していない

　思いが強いだけで実情を把握していない応募者では、入社後思っていた仕事と違うと落胆し退職します。応募企業への思いだけでなく、実情を理解したうえでの応募なのか、面接で説明し確認する必要があります。**固定観念や思い込みが強い応募者は、同僚や上司とうまくいかず、入社後実力を発揮できない**ことがあります。仕事に対して信念のある応募者は見込みがありますが、自己中心的な信念であれば、組織にうまく適応できず浮いてしまうのです。

　面接では、意欲や熱意だけでなくやるべきことを理解しているか、チェックしましょう。思いが強い応募者に対しては、仕事の厳しさや自社の問題点について必ず説明する必要があります。

　思いが強い応募者は、他の業界や企業を調べず、強い思い込みだけで応募している可能性があり、入社後もっと調べるべきだったと後悔する応募者です。

　思いがない応募者より遥かに見込みがありますが、実情をきちんと説明し、納得したうえで採用すべきです。

予測できること

・実情を理解していないため退職する可能性がある。
・他の業界や企業研究を怠っている可能性がある。

(6) なりたい自分が書かれていない

　エントリーシートが採用試験に合格するための作られた内容では、立派な文章でも評価に値しません。本心で書かれているエントリーシートは、なりたい自分を理解したうえで応募企業を選択していることが、文面から読み取れます。文章が上手くなくてもやりたいことが明確であり、やりたいことが応募企業で実現できるという流れが理解できるのです。

　新卒採用の最も重要なポイントは、仕事に対してのポテンシャルですが、**ポテンシャルが低い応募者は、現実しかイメージできず、数年先の自分を想像していません。**

　なりたい自分が明確な応募者は、ゴールに向かって一段ずつステップアップしていきますが、仕事は何でも同じと考えている応募者は、辛いことや困難を乗り切ることができません。

　なりたい自分について、面接でさらに突っ込んで質問をしてみると、本気で考えているのか見極められます。エントリーシートでは、これまでの経験や学んだことといった過去の内容だけでなく、今後の方向性についても確認しましょう。

予測できること

・方向性が見出せないため定着しない。
・多くの企業の1社に過ぎず記載していない。

❸ 職務経歴書の見極めポイント

　中途採用では、これまでの職務経験が採否の大きなウエイトを占めますので、職務経歴書から自社で求めている職務との関連性や発揮できる強みを把握することが大切です。人間性が良くても短期間で戦力になれない応募者であれば、採用は難しいでしょう。

　職務経歴書は履歴書と異なり、通常フォームが決まっていないので、応募者の書きたい内容のみ記載する傾向があり、なかにはそれほど経験がないのに偽って記載されていることもあります。

　求めている職務経験を強調し実績や評価が記載されている職務経歴書であれば、面接で信憑性を確認する必要はありますが、一定の評価ができます。応募者は入社したいため、求めている職務経験と合致させて記載する傾向がありますので、記載内容を鵜呑みにせず、面接で確認をすることが大切です。

　職務経歴書の信憑性を見抜くためには、記載している応募者の意図を読み取り、具体的な経験や実績を面接で確認します。記載内容に疑いを持たず質問をしなければ、職務能力について誤った判断をしてしまうことになります。

　職務経歴書を的確に読み取り、面接につなげるポイントについて説明します。

職務経歴書の見極めポイント

項目	職務能力	志望意欲	労働意欲	定着性
必要最低限しか記載されていない	○	○	○	
転職回数が多く一貫性が見られない	○		○	○
求める職務と共通性が見られない	○	○		○
4枚以上で記載している		○		○
評価・実績などが記載されていない	○			
漠然とした表現で記載している	○	○		
業績不振による退職が多い	○			○
未経験の職種で前職と関連性がない	○	○		○
志望動機が漠然としている	○	○		○
求めている職務を強調していない	○	○		
書類に誤字・脱字がある	○			
複数の企業をひとくくりにしている	○			○
手書きで記載している	○	○	○	
30歳以上でマネジメント経験がない	○			○
ネガティブな表現が多い			○	○
初めての転職で前職が10年以上				○

○は問題のある分野

第2章 応募書類の見極め方

(1) 必要最小限しか書かれていない

　勤務先会社名と最小限の携わった職務しか書かれていない職務経歴書では、仕事に対しての意欲や職務能力について評価できません。自社で求めている職務と関連性がなければ、第一志望ではないかもしれません。最小限の記載内容では、採用しても成果は期待できないでしょう。

　現職に勤務しながら転職活動をおこなっている応募者のなかには、本気で転職活動に取り組んでいないため内定を出しても入社しないケースがあります。このような応募者は、意欲や熱意がなく職務経歴書を作成して応募しています。

　必要最小限の内容しか記載しない応募者は、受身で仕事をして自ら改善していく能力が劣っていることもあります。またプレゼン能力が弱いため、既存社員との関係に問題が生じる可能性もあります。アピールできる内容がないのか、アピールする材料があるのにアピールしないのか見極める必要があります。

　本気で入社したいと思えば、僅かな経験でも応募企業が求めている職務に関連性を見出しアピールします。

予測できること

・アピールできる材料がない。
・転職する意志が弱い。

(2) 職務経歴に一貫性がない

　職務経歴に一貫性がなく転職を繰り返している応募者は、採用しても再び転職を繰り返す可能性があります。**一貫性がないことを本人が自覚し今後のスタンスについて記載している場合は、面接で信憑性を確認してください。**

　一貫性がないような職務経歴でも、応募者が一貫性を見出している場合は、一定の評価をすべきです。転職回数が多いという理由だけで応募者を判断するのではなく、面接で現在の職務能力が自社で生かせるかどうか、さらに今後の仕事のスタンスについて見極めてください。

　転職回数が多い応募者のなかには、自分の能力を過大評価していることがあります。どの企業においても正当な評価をしてもらえないと不満を募らせ転職を繰り返すのです。また良好な人間関係が構築できず、転職を繰り替えしている人もいます。

　これまでの退職理由を面接で確認したうえで、自社でも同様の問題が起きないか見極めてください。

予測できること

・理想が高く常に自分に合う企業を求めている。
・ストレス耐性が弱く嫌な事があると辞めてしまう。

(3) 長文で書かれている

職務経歴書の自己PRや志望動機について、フォームが自由なため改行もせずに、**長文で記載している応募者は、熱意は評価できるものの読み手の立場を考えない自己中心的な応募者かもしれません。** 読み手の立場を考えれば、見出しを付けたうえで一つの文章は長くても300字程度に留めます。

伝えたいことを的確に伝えられない応募者は、優先事項を決められず、頑張っているのに実績を上げられないため問題が生じる可能性があります。このような応募者は、集団面接でも他の応募者のことを考えず、長々と話を続けます。

職務経歴書の枚数についても特に決められていませんが、多くても3枚程度にまとめるべきです。技術系の応募者のなかには、携わった案件を全て記載し5枚以上になることがありますが、応募企業で興味のある内容でなければ、全てを読みたいとは思わないでしょう。長文で記載しているからといって切り捨てる必要はありませんが、長文だから熱意があるという考えではなく、応募者の仕事の仕方やパーソナリティについてチェックしてください。

予測できること

・思い込みが強く周囲を顧みない。
・全て記載すれば評価されると誤解している。

(4) 自社で生かせる職務経験がアピールされていない

　職務経歴書は、応募企業で求めている職務を想定したうえでこれまでの職務経歴との関連性を示すプレゼン資料なのですが、自社で生かせる職務経験がアピールされていない場合、どの企業にも同じ職務経歴書を提出している可能性があります。第一志望であれば、企業研究をおこない、よりアピールしたいと思いますので、多くの企業のなかの1社に過ぎないかもしれません。

　未経験の職種であっても、意欲のある応募者は関連性を見出し記載しますが、自社で生かせる職務経験がアピールされていない職務経歴書は、**応募に対する意欲が低いため、一度作成した職務経歴書の見直しをせず、使い回しているのです。**

　このような応募者を採用しても、言われたことしかやらず前向きに仕事をおこなわない可能性が高いので、採用は慎重におこなうべきです。

　優秀な人材でも応募企業でやるべきことを理解していない応募者は、仕事へのモチベーションが低いため活躍は期待できないでしょう。

予測できること

・応募企業で求めている職務を想定していない。
・受身で仕事をおこない積極性に欠ける。

第2章 応募書類の見極め方

(5) 前職の経験が10年以上ある

はじめての転職で前職の経験が10年以上ある応募者に対して高い評価をする採用担当者がいますが、このような応募者のなかには、前職の思い入れが強く、新しい環境に馴染めないケースがあります。職務経歴で一定の評価ができれば、面接で自社の状況について包み隠さず説明し、応募者の納得を得て採用すべきです。

前職の経験が長いと、**転職先企業のやり方に順応できず、既存社員とうまくいかないため、その後転職を繰り返す人もいます。**長く勤務してきたことは短期間で転職を繰り返している応募者と比較をして一定の評価はできますが、転職先で何ができるのか、どのようなキャリアビジョンを持っているのか見極めたうえで採否を決断してください。

転職経験がある人は、環境の違いに順応しやすく転職先企業に過大な期待をしませんが、初めて転職する応募者は、新卒時のように至れり尽くせりの研修や受け入れ態勢を期待していることもあります。業績不振で転職する場合でも、新たな気持で仕事をする姿勢があるのか見極めてください。

予測できること

・前職と比較をして不平不満を持つ。
・環境に馴染めず定着しない。

(6) 複数の派遣企業をひとくくりにしている

　中途採用では、前職の雇用形態に捉われず実務能力を評価し採用すべきですが、派遣社員の経験について派遣元企業の登録期間を経験期間として記載し、複数の派遣先企業名で勤務した期間を記載しない応募者がいますので、面接時に確認をしてください。

　仮に5年間に3社の経験があっても、実際に勤務した期間が2年も満たないのであれば、採用しても求める実務能力で問題が生じる可能性があります。

　正社員経験がなくても優秀な応募者はいますが、これまで決められた時間で仕事をしてきた応募者に対して正社員雇用であれば、労働条件について問題がないか見極めてください。

　安定した生活がしたいという理由で派遣社員から転職を希望する応募者がいますが、**安定した生活は応募者個人の問題であり、これまでのスキルや経験を生かして貢献していきたい強い意志があるかを、正社員雇用では見極めます。**面接で携わってきた職務の能力を見極めるだけでなく、仕事の姿勢、意欲、キャリアビジョンについてチェックしましょう。

予測できること

・在籍期間を誤魔化している可能性がある。
・求めている実務能力を満たしていない可能性がある。

第2章 応募書類の見極め方

❹ WEB履歴書（応募フォーム）の見極めポイント

　求人サイトやエージェント独自の応募フォーム（WEB履歴書）は、履歴書と職務経歴書を一つにまとめた書類であり、求人サイトからの応募で使用されます。

　企業がWEB履歴書を閲覧し、興味のある求職者をスカウトできる求人サイトもあります。

　求人サイトに簡単に登録できるため、とりあえず登録という求職者もいますが、記載内容から本気度を見極めることができます。

　WEB履歴書は、企業からのスカウトなどを想定して作成していることもありますが、**直接応募する場合は、職務内容欄、志望動機、自己PRなどを、応募企業向けに書き直していれば、入社意欲が高いと考えられます。**

　特に転職は、募集職種や職務が明確なため、求人情報から求める人材を読み取り、生かせる経験や職務能力が強調されているかをチェックします。

　WEB履歴書は、文字数が決められているため、規定文字数の70％以上記載されていれば、就職、転職の意欲が高いと言えます。

WEB履歴書（応募フォーム）の見極めポイント

	職務能力	志望意欲	労働意欲	定着性
文字数が少ない	○	○	○	
入社可能時期が3カ月を超える		○	○	
職務経歴に一貫性がない	○			○
志望動機が漠然としている		○		○
自己PRが自社向けではない	○	○		○
保有資格が募集職種と関連しない	○	○		
誤字・脱字がある	○		○	
レイアウトが工夫されていない		○		
企業へのメッセージが記載されていない		○	○	

○は問題のある分野

第2章 応募書類の見極め方

(1) 文字数が少ない

　文字数が少ないWEB履歴書は、とりあえず求人サイトに登録しておこうという考えで、就職、転職の意欲が低いでしょう。こういった求職者にスカウトなどのアプローチをおこなっても、真剣に考えていないため採用に至らないケースがあります。

　アピールする内容が少ないため、文字数が少ないこともありますが、規定の文字数の20％以下であれば、自分の強みや仕事の軸を理解していない可能性があります。

　文字数が多くても伝わりにくい文章や、関連しない経験であれば、採用すべきではないでしょう。

　文字数が少ない応募者でも生かせる経験や職務能力があれば、別途履歴書、職務経歴書をPDFなどで提出してもらい、自社にマッチングする人材かどうか見極めてください。

　エージェントなどのWEB履歴書（レジュメ）は、修正できないもののもありますので、選考時に別途書面で自社向けの書類を提出してもらう方法もあります。

予測できること

・就職・転職に本気で取り組んでいない。
・仕事上の強みややりたいことを理解していない。

(2) 入社可能時期が3カ月を超える

　WEB履歴書のなかには、入社可能時期を把握する項目があります。書面による応募では、面接時まで入社可能時期を把握できないことがありますが、WEB履歴書であれば、応募時に確認できるため、自社の状況と合致するか判断できます。

　入社可能時期を記載する項目があるWEB履歴書で、**入社可能時期が3カ月を超える場合、転職の本気度を疑ってみる必要があります。**また空欄で記載していない場合も、転職意欲が低いでしょう。プロジェクトの関係など明確な理由がなければ、すぐに転職を考えているわけではなく、転職サイトに登録しているだけかもしれません。

　欠員や増員の募集であれば、入社が先になる応募者の採用は難しいですが、入社可能時期が先だという理由だけで不採用にするのではなく、魅力のある職務経験や職務能力であれば、面接で転職の本気度を確認してみると良いでしょう。入社が半年後でも確実に入社する意思を示せば、採用に繋がるケースもあります。

予測できること

・転職活動を本気で取り組んでいない。
・やむを得ない事情がある可能性がある。

第2章　応募書類の見極め方

(3) レイアウトが工夫されていない

　職務経歴書と同様に、WEB履歴書でもレイアウトが読みやすく工夫されていない場合、仕事のタスク管理などで問題がある可能性があります。WEB履歴書は応募書類ですので、採用担当者が読みやすいように見出しや文字数を考えて記載すべきですが、読みにくい長文で記載している場合は、職務能力が劣るだけでなく、相手の気持ちをくみ取れず自己本位の人かもしれません。

　たかがレイアウトかと思うかもしれませんが、レイアウトから多くのことが読み取れます。

　記載すればいいという投げやりなWEB履歴書であれば、仕事も投げやりにおこなう可能性があり、入社意欲や労働意欲が低いこともあります。

　レイアウトの違いで、伝わり方が変わることがあります。**読み手の立場を考えてレイアウトが工夫されているWEB履歴書から、職務能力や仕事の姿勢を読みとることができます。**

予測できること

・タスク管理ができず成果を築けない。
・相手の気持ちをくみ取り仕事ができない。

コラム② 求職者の誤りを指摘する

　求職者の模擬面接をおこなったときですが、履歴書、職務経歴書を机の上に置き、職務経歴の説明で記載されている職務経歴書を読み始めました。通常、面接では手元に何も置かず行うはずですが、求職者に尋ねるとこれまでの面接では手元に書類を置きおこなってきたそうです。面接官に指摘をされなかったか尋ねると、何も言われたことがなく不採用が続いています。面接官がなぜ一言「書類はしまってください」と言わなかったのでしょうか。応募者との関係を壊したくないという気持であれば、むしろ指摘をしてあげたほうが親切です。求職者のこれまでの経験が特に問題があるわけでもありませんでしたので、求職者が面接のルールを知らないばかりに不採用が続いたことも考えられます。その後その求職者は内定をもらえたそうですが、第一印象で違和感を覚えただけで不採用にしていたとすれば、自社で活躍する人材を見落としていることも考えられます。

第3章

面接の基本技術

① 面接官の心得

面接は採用試験において最も大切なプロセスです。書類選考や筆記試験だけでは見極められない応募者の本質を見極め、自社が求めている人材としてふさわしいかどうかを短い時間で判断しなければいけません。

人が人をジャッジする難しさがある半面、人だからこそ書類や筆記試験では引き出せない応募者の本質を探ることができるのです。面接官は質問をすることが目的ではなく、応募者から本心の回答を引き出し、採否の判断をすることです。そのためには応募者が話しやすい環境を構築する必要があります。厳しい表情で厳格な面接だけでは、応募者も形式的な回答しかしません。

採否の判断は面接終了後にできます。面接では応募者のこれまでの経験や人間性の良い部分を引き出すことに集中して臨んでください。第一印象が悪いからとその後の回答にも興味を持たなければ、応募者も親身に語ろうとしません。過去

第3章　面接の基本技術

の学歴や職歴が評価できないからといって、露骨に態度や表情で示すこともおこなってはいけません。

面接官として人を見抜くうえで大切なことは、**これまでの経歴や考え方を否定から入らず、共感する気持で臨む**ことです。面接だけに限りませんが、両者が共感できている環境のうえで、初めて信頼関係が生まれます。

提出した書類に書かれていることだけで採否を判断するならば、面接は必要ないかもしれません。面接では書類に書かれていることの信憑性やさらに掘り下げた内容を確認し、書類では書かれていない応募者の本質を探る必要があるのです。そのためには、応募者がこの面接官であれば話をわかってくれると感じ取る必要があります。

面接をカウンセリングの場と履き違えて、話をしたがる面接官がいますが、面接官が話すことが採否の材料になるわけではなく、応募者の回答に対して聴き上手になり心地良い環境を提供してください。

応募者の回答から、自社で求めているスキル、能力や自社に対しての熱意、さらには組織に適応できる人材かどうかを見極めるのです。

面接官が応募者を見極めるように、応募者も、面接を通じて企業を選択しているのです。

短い面接時間で信頼関係を構築することが、良い人材を求める大切なポイントなのです。

面接官の心得

・先入観で判断せず真摯な気持で面接をおこなう。
・応募者が本心で話ができる環境を提供する。
・応募者の回答に共感し信頼関係を構築する。
・応募者も企業を見極めていると自覚する。
・経歴だけでなく現在の能力と将来像を見極める。
・企業と応募者の将来を担っていると自覚する。
・自社の情報を正確に伝える。
・応募者の質問に丁寧に答える。
・企業を代表しておこなっている自覚を持つ。
・公平な評価をおこなう。

第3章 面接の基本技術

❷ 3つの見極めポイント

面接で応募者を見極めるポイントは3点あります。

1. 人物評価

能力が高くても組織に適応できない人材であれば、定着せず成果を上げることはできません。面接で悪い印象を与えるときは、その要因が改善できるものなのか検討する必要があります。行動特性においても仕事に意欲がなく、受身で仕事をおこなう応募者であれば、採用は控えるべきです。面接では、コミュニケーション能力を見極めますが、**面接官の話を的確に理解し対応できるかチェックしてください。**面接官の話を聞けず自己主張が強い応募者であれば、やりたい仕事しかおこなわない可能性があります。

面接では少なからずよく見せようとしていますので、圧迫面接をおこないストレス耐性を見極めることもできます。例えば転職回数が多く短期間で転職を繰り返している場合は、意志が弱い、飽きっぽい可能性がありますので、なぜ転職を繰り返しているのか確認をすべきでしょう。

2. 能力評価

新卒採用では、実務経験がないので、専攻科目、アルバイト経験、SPI等の筆記試験から職務能力や、将来発揮できるポテンシャルを見極めます。中途採用ではこれまでの職務経験が判断材料になりますが、これまでの職務経験を自社でどのように生かせるか検討してください。

中途採用では、これまでの職務経験から応募企業で発揮で

きる強みを自覚し面接官にプレゼンできる応募者であれば有望です。**曖昧な回答であれば、実務能力について筆記試験をおこない確認することも検討してください。**過去の実績を自慢するだけの応募者であれば活躍は期待できません。求められている職務を理解し、発揮できる能力をきちんと伝えているかどうかが採否のポイントになります。

3．アピール評価

多くの企業のなかでなぜ自社なのかを、志望動機や自己PRからチェックします。どの企業でも構わないという応募者では、入社後のモチベーションは期待できません。**仕事への意欲、熱意、応募企業だからこそ入社したい具体的な理由について、信憑性があり本気度が高いかどうかを判断します。**

人物評価

・応募者が与える印象、自己PR、長所、短所から見極める。
・これまで取り組んできた姿勢から見極める。
・圧迫面接で見極める。
・適性検査をおこなう。

能力評価

・新卒採用は、専攻（アルバイト経験含む）やポテンシャルから見極める。
・中途採用は、職務経験から強みを見極める。
・職務能力に不安がある場合は、筆記試験を検討する。

アピール評価

・志望動機、自己PRで見極める。
・会話の聞き方、話し方、表情、態度から見極める。

第3章　面接の基本技術

❸ 面接官に必要な3つのスキル

　面接官に必要な3つのスキルについて、考えてみましょう。応募者は自分に合う企業かどうかを面接官の言動から判断します。

1．プレゼンテーションスキル

　面接官は、自社の魅力や業務内容だけでなく、問題点など改善に取り組んでいる状況を含めて、的確に伝えるプレゼンテーション能力が求められます。**面接官自身が、自社の魅力や業務内容について情報発信をして、応募者の気持ちが動かなければ、入社に繋がりません。**採用スタッフ同士で、自社の魅力や業務内容が的確に伝わっているか、確認をしてください。

プレゼンテーションスキルを高める方法

・自社の魅力や問題点を整理する。
・業務内容の特徴を整理する。
・伝わりやすい言葉を考える。
・採用担当者同士で共有する。

2．回答を引き出すスキル

　面接官は、提出書類、応募者の回答から、自社でマッチする人材かどうかを見極めて採否を見極めます。採否をジャッジするうえで、応募者の回答が重視されますが、応募者の回答を引き出す能力がなければ、誤った判断をしてしまいます。

応募者が話しやすい環境を整えて、深堀質問をおこない本質を引き出すことが大切です。

回答を引き出すスキルを高める方法

・回答に相槌を打ちながら話しやすい環境を作る。
・回答に対して深掘り質問をおこなう。
・深掘り質問の回答から応募者の本質を見極める。
・自社にマッチする人材かどうかを判断する。

３．好印象を与えるスキル

　応募者は、面接官の言動から自分に合う企業かどうかを判断します。魅力のある求人広告でも、面接官に人間的な魅力を感じなければ、入社したいとは思いません。面接官が応募者に対して好感力を示すことが重要であり、そのためには面接官自身がビジネスマナーを心得ている必要がありますし、**面接官が話を聞くときの表情が興味のある視線で、相槌を打ちながら聞くなど、面接官が好印象を与えることを考える必要がおあります。**

　面接官自身は意識をしていなくても、威圧感を与えていることもあります。どういった表情や言動で面接をおこなっているか確認をしてください。

好印象を与えるスキルを高める方法

・面接官の表情や言葉遣いをチェックする。
・話を聞くときの視線や口角をチェックする。
・挨拶などのビジネスマナーを確認する。

第3章　面接の基本技術

④ 面接で確認すべき5つの質問

採用面接では、志望理由、退職理由、自己PRなどの質問をおこないますが、**能力、人間性、アピール力を見極めるために確認すべき5つの質問があります。**

5つの質問の回答を聞き流すのではなく、「なぜそうなのか？」と深掘りした質問をおこなうことで、採用すべき人材かどうかを見極めることができます。

1．当社で叶えたいことは何ですか？
（仕事の軸）

叶えたいことといった仕事の軸が自社で実現できるかを見極めます。自社で実現できる軸であれば、入社意欲が高く定着します。

叶えたいことが特になく就職、転職する応募者は、軸が定まっていないため、「自分に合わない」「もっと自分に合う仕事がある」と考え、定着しない可能性があります。

自社で叶えたいことは何かだけでなく、叶えたいことを実現するために何をやるべきかを確認してください。

○自社で実現できる叶えたいことで、やるべきことを把握している。

×自社でなくても実現できる軸であり、思いが伝わらない。

2. これまでに挫折したことは何ですか？
（ストレス耐性）

　挫折したことだけでなく、どのように挫折を解決したかまで確認をします。挫折経験がない場合、問題を認識できていない可能性があります。挫折した経験を自覚しているだけでなく、その経験を仕事の糧にしていれば、問題改善能力がありストレス耐性が強いと考えられます。この質問から挫折経験をどのように生かしているか、確認をしてみてください。
○挫折経験を分析しており、今後の糧にしている。
×ストレス耐性が弱い回答や問題意識がない回答をする

3. 当社で発揮できる能力とその根拠は何ですか？
（職務能力）

　自己分析と企業研究をおこない、自分の強みを生かして何をすべきか認識している応募者は、入社後活躍が期待できます。新卒や未経験者でも、適性や汎用できるスキルを認識しているか見極めてください。
　発揮できる能力だけでは、信憑性のある回答とは言えません。どうして能力を発揮できるのか、具体的な根拠についても確認する必要があります。
○求めている人材を把握したうえで、発揮できる強みと理由
　を説明できる
×自社で生かせる強みではなく、強みの信憑性が疑わしい。

第3章　面接の基本技術

4．仕事をするうえで重視することは何ですか？
（仕事の価値観）

　社風が仕事の価値観とマッチしなければ、優秀な人材でも定着しません。重視することが自社で可能かどうか見極めることが大切です。応募者の仕事の価値観を知るだけでなく、面接官自身が、自社の社風や社風に合う人物像を把握している必要があります。

　仕事で重視することを回答できない場合、自己分析ができていないことが考えられます。自己分析ができていなければ、定着せず辞めてしまう可能性があります。
○自社の社風と仕事の価値観がマッチしている。
×社風と相違があり定着できるか疑わしい。

5．いつから入社できますか？
（中途採用）

　「わからない」「上司と相談してみる」など曖昧な回答であれば、入社意欲や転職の本気度が低いと言えます。内定後1カ月など、明確な時期を回答できるか見極めます。転職時期が先になる場合、理由と入社意欲を確認して検討します。
○在職中でも短期間で入社できる具体的な日時を提示する。
×曖昧な回答で入社意欲を感じない。

5．就職活動の進捗状況を聞かせてください。
（新卒採用）

　他社の就職活動の進捗状況を確認し、自社の位置付けを見極めます。第一志望ではない場合、内定辞退の可能性あります。また応募している業界や職種が統一されていない場合、採用しても定着しないリスクがあります。
○応募している企業の中で第一志望だと明確に回答できる。
×方向性が定まっておらず、第一志望ではない。

深掘り質問例
1．当社で叶えたいことは何ですか？
　➡叶えたいことの実現のために何をしますか？
2．これまでに挫折したことは何ですか？
　➡挫折した経験をどのように生かしていますか？
3．当社で発揮できる能力とその根拠は何ですか？
　➡なぜ当社で能力を発揮したいのですか？
4．仕事をするうえで重視することは何ですか？
　➡当社で実現できると考える理由は何ですか？
5．いつから入社できますか？（中途採用）
　➡円満退職ができますか？
　就職活動の進捗状況を聞かせてください。（新卒採用）
　➡企業選択で重視する点は何ですか？

第3章　面接の基本技術

❺ 応募者の視点を理解する

　良い人材を見抜くためには、応募者の視点を理解する必要があります。応募段階では、多くの応募者はキャリアアップできるか、労働環境は問題ないか、待遇面は期待できるかといった自分本意の視点で考えており、企業に貢献したいといった企業側のメリットはあまり考えていません。面接を通じて、どれだけ応募者が企業側のメリットに近づけるかをチェックします。

　良い人材を確保するためには、応募者の希望に添える企業に近づけるべきですが、100％希望を満たす企業などありません。応募者の優先すべき事項が満たされていれば、入社を決断する要因は、面接官との信頼関係なのです。

　一方企業側の視点は、職務能力や人間性に優れていて貢献できる人材を確保したいと考えています。

　応募者の視点と企業側の視点では異なる部分がありますが、両者の接点がより大きい応募者が採用すべき人材だと言えます。

　自社で活躍する良い人材を採用するためには、企業側も応募者の視点に歩み寄り、より応募者が入社したいと考える企業にしなければいけません。黙っていても優秀な人材を採用できる企業などありません。応募者の視点を捉えたうえで、労働環境やキャリアパスを整備していくことも、良い人材を採用する条件なのです。

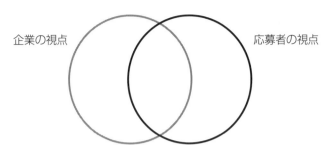

接点が大きいほどマッチする人材になる

応募者の視点

・やりたいことが実現できる企業か。
・キャリアアップができる環境か。
・待遇面・労働条件は希望を満たしているか。
・メンターとなる社員がいるか。
・安定しており将来性があるか。
・面接官から良い社風をイメージできるか。

企業側の視点

・必要とするスキル・適性・経験があるか。
・発揮できる能力を自覚しているか。
・自社だからこそ入社したい熱意があるか。
・組織適応力があるか。
・自己分析ができているか。
・労働条件、待遇面で合致するか。

第3章 面接の基本技術

⑥ 上から目線の面接をおこなわない

　面接は、自社にふさわしい人材を見極め採否の判断をすることが目的ですが、上から目線で面接をおこなえば、好感を持たれず、良い人材を採用できないという結果になります。面接官のなかには、採否の決定権は企業側にあるという理由で、傲慢な態度で面接をおこなう人がいますが、応募者が不快な気持になれば、応募者の本質を見抜くことはできません。短い面接時間であっても応募者と良好な関係を築くことで、応募者は親身に回答し入社したい企業になるのです。

　応募段階では、どうしても入社したい企業ではなく、興味のある1企業に過ぎないことも多いのです。採用のプロセスを通じて、応募者がより興味を持ち、ぜひとも入社したい第一志望の企業に変えることも面接の目的の一つなのです。

　上から目線の面接では、応募者に興味を持とうとせず、応募者の上辺しか見極められません。応募者に興味を持ちもっと知りたいという気持は、高飛車な態度では生まれません。応募者に対して、多くの企業のなかから選んでくれたことに感謝の気持ちを持って面接に臨んでください。

　上から目線の面接官は、傲慢な態度、表情で面接に臨み、言葉が横柄であり採否を決定する面接官が偉いと考え、好き嫌いで採否を判断することが多いのです。

　応募者は、人生を託せる企業かどうかを、面接官の態度や言葉から見極めています。応募者が企業を知る術は、面接官なのです。またサービス業であれば、不採用になった応募者

であっても、将来の顧客になる可能性があります。将来の顧客に対して横柄な態度や表情はできないはずです。

　面接官の表情が応募者に映し出されると考えれば、高飛車で上から目線の態度や表情で面接をおこなえば、応募者も入社すべき企業ではないと捉えて、同様の態度、表情になります。仮に表情は穏やかでも、心中は決して穏やかではありません。

　内定辞退が多い面接官は、特に再度自分の面接を振り返ってください。応募者は将来の大切な「お客様」だと捉えることで、応募者への接し方が変わるはずです。

上から目線の面接官

・応募者に対して笑顔がない
・自己概念が強く、応募者に歩み寄らない。
・興味のない回答に聞く耳を持たない。
・学歴、前職の企業名で判断する傾向がある。
・志望動機、自己PR等の定番質問しかおこなわない。
・回答に対して突っ込んだ質問をおこなわない。
・圧迫面接をおこなう傾向がある。
・面接に覇気がない。
・応募者へ感謝の気持ちがない。
・嫌な顔や表情を露骨にする。

❼ 面接官に求められる資質

　面接官に求められる資質について考えてみましょう。応募者は入社したい気持で臨みますから、少なからず誇張したアピールをおこない、ネガティブな要因を伏せて回答します。そのなかで人を見抜くということは、応募者の言動に流されず、自社にふさわしい人材かどうかを短時間で見抜く能力が求められます。

　面接官に求められる資質は、人の行動特性や成長に興味があることです。人に興味がなければ、事務的な面接しかおこなわず、画一的な採否の判断しかできません。人の能力は計り知れないものがありますが、**人に興味があり人が好きでなければ、相手の良さを見抜くことはできないのです。**

　人が好きな面接官は、減点方式で応募者を見るのではなく、加点方式で応募者の良い部分を見つけようとします。不信感で面接をおこなえば、間違いなく応募者に面接官の気持が伝わります。好感を持たれていないと感じた応募者は、当たり障りのない回答しかおこなわないため、本質を見抜くことができないのです。一方、応募者のアピールに共感する面接官は、応募者を評価しながら面接を進めますので、応募者は面接官に好感を持ち、本音で回答するのです。

　面接は、応募者と会話を楽しむ場ではありません。会話を楽しむ面接官は、応募者と良好な関係を築けるかもしれませんが、自社にとって戦力になる人材かどうかの判断が疎かになります。応募者に不安な点があれば、厳しい質問や確認を

しなければいけない状況がありますが、良い雰囲気を壊したくないが故に質問をおこなわず、入社後ミスマッチが発生するのです。さらに面接官は、自社の経営、組織、人事戦略について精通していることが大切です。企業の実態を熟知していないと感じた応募者は、面接官に対して舐めてかかります。年齢が若くても面接に真摯に取り組み、応募者の疑問や質問に応えられる面接官であれば、応募者は高い評価をするのです。好感の持たれる面接官は、企業の将来像を前向きに捉えてより良い企業にしていきたい強い信念があります。面接後に応募者が入社したいとより強く思いワクワクするような面接をおこなってください。

面接官の資質
・人の行動や成長に興味がある。
・相手を思いやり、気配りができる。
・好感度が高く信頼感を与えられる。
・情に流されず冷静に判断できる。
・企業の実態を把握している。
・温かさがあり面倒見が良い。
・回答を聞く態度、表情に好感が持てる。
・相手の良い面を引き出すことが上手い。

第3章 面接の基本技術

❽ 面接官が陥りやすい傾向

　面接官が陥りやすい傾向を理解することで、適切な採否の判断ができます。面接は人が判断するので、面接官の個性や考え方で採否の判断が異なるケースがありますが、陥りやすい傾向を理解していれば、面接時に意識をすることで、判断ミスを防ぐことができます。

【ハロー効果】

　学歴や前職の企業が優れていると、全ての点が優れていると判断してしまう傾向があります。優秀な人材を見極める要因として、出身大学や前職の企業名も判断材料になりますが、これまでの経験を通じて、現在何ができるか、自社でどのような貢献ができるか見極めなければ、誤った判断をしてしまいます。一点が優れていると全てが良く見えてしまう傾向だけでなく、一点に問題があると全てが悪いと判断してしまうことは避けなければいけません。

【中心化傾向】

　評価が中心的な位置に集中してしまい可もなく不可もなく「普通」と判断してしまう傾向です。1次面接の面接官に多く、採否の判断は次の面接官に任せればいいと考え、取り合えず2次面接に進んでもらう状況が発生します。

【対比誤差】

　客観的な判断ではなく、直前に面接をした応募者の影響が強く対比してその後の応募者を判断してしまう傾向です。直前の応募者が優れていれば、次の応募者の能力を過小評価し誤った判断をしてしまいます。面接官の感覚で判断をしてしまう傾向があり、面接官の特性と異なる人材を低く、あるいは高く評価してしまう傾向もあります。

【寛大化傾向】

　職務と関連しない話で盛り上がると甘い評価をつけてしまう傾向があります。趣味や休日で盛り上がっても見極める本質がぶれてしまえば、人がいいが使えない人材として、配属部署からクレームがきます。気持を和らげるために職務と関連しない話も必要ですが、実務能力についてきちんと見極めることが必要です。

【熱意評価傾向】

　応募者が自社への思いが強いことは一定の評価をすべきですが、思い込みが強いと、入社後実態との相違に戸惑い退職してしまいます。思い込みが空回りしないためにも、熱意や意欲だけで判断せず、実態をきちんと説明し理解したうえで入社させるようにしなければいけません。

❾ 好感度を上げる面接官トレーニング

　面接は、応募者の態度、表情、服装などから、応募者の人となりを見極めますが、応募者が面接官を通じて企業のイメージを抱くことを考えれば、面接官自身の好感度を高めることも大切です。面接官の好感度を高めるために、面接官同志で模擬面接をおこってみてください。応募者役の人が、面接官に好感を抱き入社したいと思うかどうか確認します。

　表情や態度といったノンバーバルなコミュニケーションは、言葉以上に相手に与える印象が強いこともあります。営業職であれば、常に顧客からどのように見られているか、言葉だけでなく表情や態度に気を配るはずです。面接官も同様に、応募者に良い印象を与える意識を持って面接に臨むべきです。

　応募者が優秀だからという理由だけで採否が決まるわけではありません。応募者の能力だけでなく、表情、態度、語調に好感を持ち、仲間として受け入れたいと思い採用が決まるのです。応募者も同様に、入社するという決断は、面接官を通じて感じた企業イメージが大きく影響します。

　模擬面接をビデオに撮影し、面接官同志で確認するのもいいでしょう。自分の声を留守番電話に録音し、声のトーンや語調を確認することもできます。高飛車な態度や語調では、応募者は何も言いませんが、入社したいとは思いません。**面接官の視線から温かさや熱意を感じなければ、人生を託したい企業だとは思わないのです。**面接官はジャッジされる側で

はないので、日頃態度や表情に気を配らないかもしれませんが、ぜひ一度確認をしてください。

採用は面接官のレベルに左右されます。面接官以上の応募者を採用することは難しいのです。良い人材を採用するために、このような面接官がいる企業ならば間違いないと応募者が決断できるレベルで面接をおこなってください。

好感度を上げる面接テクニック

・清潔感のある服装で臨む。
・応募に対して感謝する気持で視線を合わせる。
・面接を受けてくれたことに感謝の言葉を言う。
・仕事の合間を縫って面接をしている印象を与えない。
・口角を上げて会話をする。
・早口でなく語尾をしっかり話す。
・声のトーンや鮮明さを意識する。
・落ち着いた態度で背筋を伸ばして回答を聴く。
・応募者の回答に相槌を打つ。
・応募者の回答を否定しない。
・複数の応募者の面接では、全員に目配りする。
・プライベートな内容を興味本位で質問しない。
・応募者の質問に親身に回答する。

第3章 面接の基本技術

⑩ 面接の進め方

　面接の基本的な流れは、最初に天気の話題などのアイスブレイクで話しやすい環境を作り、面接開始後10分〜20分で仕事内容の説明と共に、志望動機、自己PRといった定番質問をおこないます。この時点で面接官は採用したい人材かどうかを第一段階として見極めます。この時点で描いた印象が正しいかどうかを確認するために、さらに突っ込んだ質問を10分から20分程度おこない、最後の10分間は、応募者からの質問を受けながら、入社意欲を見極めます。

　採用したい人材でも、応募者の気持が自社に向いていなければ、内定辞退が考えられます。採用すれば本当に入社するかどうかを、面接後半でチェックしてください。

　入室から10分間が、応募者の大枠を知る時間帯であり、採否の判断をおこなううえでも大切な時間帯です。但しこのときの印象で採用は難しいと判断すると、その後の面接を真剣に取り組まない傾向がありますので、難しいと判断した場合でも気持を切り替え良い面を見つけるようにしてください。

　採用したい人材だからといって最後の5分間で無理やり入社を促してもうまくいきません。知り合いの社長が、新卒の最終面接で「当社へ入社する確率は？」と質問をおこない、100％以上でない学生は採用しないと言ったことがありましたが、100％と回答した学生の多くが内定を辞退しました。無理やり入社の意志を言わせれば、逆に応募者は引いてしまいます。面接後半までに応募者と信頼関係を構築したうえで、

応募者の言動、表情、態度から判断するようにしてください。

面接は、会社や職種の説明により違いますが、**個別面接であれば長くても40分程度でおこなうべきです。長くだらだらと面接をおこなっても集中力が欠けてしまい、本質を見抜けません。**逆に極端に短い面接時間も考えものです。応募者は、自分のことを理解して採用していないと捉えて、入社に慎重になります。

闇雲に面接をおこなうのではなく、面接の全体的な流れと確認すべきポイントを理解したうえで、面接を進めてください。

面接の流れ
前半（入室後10分〜20分）

アイスブレイク後自己紹介、志望動機、退職理由、自己PRといった定番質問をおこなう。回答内容からさらに突っ込んだ質問をおこなうことで、本質を引き出せる。仕事内容などもこの時間帯でおこなう。自社に見合う人材かどうか検討する。

中間（10分〜20分）

前半の定番質問に関連した質問や、より深く見極めるために質問をおこなう。労働条件などの確認もおこなう。前半の判断に間違いがないか見極める。

後半（10分）

応募者からの質問を受け付ける。応募者の言動から入社意欲を探る。最終的な採否の判断をおこなう。

第3章 面接の基本技術

⑪ 応募者との信頼関係の構築方法

　面接で応募者の本質を見抜くためには、短い面接時間で信頼関係を築き、本音で語ってもらう必要があります。面接官のなかには、「予め用意してきた回答しかしないので、本質など見極められない」、「短い時間で信頼関係など作れない」と言う方がいますが、確かに応募者は自分自身を少しでもよく見せようとする傾向があるものの、**応募者が面接官に心を許し面接官も定番の質問だけでなく応募者が本心を語れる質問や雰囲気を作ることで、本質を見極めることができます。**本質を見抜くためには、選んでいるという雰囲気を和らげ、リラックスしたムードのなかで回答できる状況を作ってください。リラックスした状況は、面接官の表情が強張り、応募者が想定してきた質問を当たり前のように質問しているようでは作れません。リラックスした状況とは、気の緩んだ重みのない面接ではなく、応募者が話しやすい状況です。

　カウンセリングで大切な手法は、相談者に共感し信頼関係を構築することですが、面接も同じことがいえます。応募者は面接官の言葉だけでなく、表情や態度を注意深く観察していますので、表情を曇らせ回答を聞いているようでは、信頼関係は築けないのです。

　応募者の回答について疑いを持たない表情で頷き、相槌を打ってみてください。相槌を打つことは、自分を理解しようとしてくれている、あるいは共感していると感じ、応募者の心を開くことができます。応募者を見ないでひたすら面接

シートに記入をしているようでは、チェックしている状況が強調されて本音で話さなくなります。

相槌の他、オウム返しのように応募者の回答の一部分を繰り返して語ることも効果があります。応募者の本質を見極めるためには、面接官が語り過ぎず、聞く側になりいかに話をさせるかという点に留意することが大切です。

採否の判断は、応募者の本質を見極めたうえで面接後におこなえばいいことです。面接では、応募者の採否の判断材料となる情報を引き出すことに集中してください。

応募者と信頼関係を構築する方法
・来社のお礼、天気、季節などのアイスブレイクで応募者の緊張をほぐす。
・回答に対して相槌を打ちながら聞く。
・回答に興味のある表情をする。
・応募者の言葉を反復する。
・回答に耳を傾け褒める。
・応募者の回答に対して共感している姿勢を示す。
・応募者の視線を見て会話をおこなう。
・回答に対して少し身をのりだし興味を示す。
・回答に対して理解できることを言葉で返す。
・回答に対してさらに突っ込んで質問をする。

⓬ 言葉のキャッチボールで見抜く

　面接では応募者の回答を聞き流すだけでなく、回答に興味を持ちさらに質問を繰り返す状況を作ってください。

　応募者の回答に対して信憑性を確認するうえでも**回答内容についてさらに質問をおこない、言葉のキャッチボールをおこなうことで、応募者が自分の言葉で語る状況ができ、本質を見抜くことができます。**

　日常の会話を想像してみてください。相手が言葉を投げかけているのを「はい」「そう」と聞き流しているだけでは、相手は興味を持たれていないと考え、詳しく話をしようとは思いません。応募者が真剣に回答している言葉をだまって聞いているようでは、形式だけの面接になってしまいます。

　形式だけの面接ならば、書類を読むだけで判断できます。面接の目的は、提出された書類の信憑性を見極め、さらに記載されていていない応募者の本質を引き出すことなのです。

　言葉のキャッチボールができる状況は、応募者の回答に面接官が興味を持っている証なのです。興味を持たれているから、面接官がさらに質問をすると考え、応募者は用意してきた回答ではなく自分の言葉で語るようになります。

　面接官が応募者の回答に耳を傾けず聞き流している状況では、応募者は面接官に好感を持ちません。「どうせ話しても無駄だろう」と応募者が感じれば、本心を引き出すことは難しく、用意してきた回答を淡々と述べるだけで終わってしまいます。

応募者が面接でワクワクした気持になるケースは、面接官に興味を持ってもらい思う存分話ができたときなのです。

　言葉のキャッチボールは、面接官の採否を決める判断材料となる回答を引き出せるだけでなく、応募者も自分のことを理解してくれていると感じ、より入社したい企業になるのです。

言葉のキャッチボール

・回答に興味を持って聞く。

・回答を聞き流さず、さらに質問をおこなう。

・応募者は興味を持たれていると感じ好感を持つ。

・用意してきた回答ではなく自分の言葉を引き出す。

・自分の言葉で語ることで本心が見えてくる。

・回答内容から、信憑性と本質を見抜く。

第3章 面接の基本技術

⓭ 成果や実績ではなくプロセスで見抜く

　成果や実績だけをアピールする応募者に対して、成果や実績を築くために何をしたかというプロセスについて、質問をしてください。**成果や実績だけでしたら、単なる自慢話に過ぎず、アピールになっていません。またプロセスが自社で生かせないならば、採用しても能力を発揮できない可能性があります。**

　どういったタスク（課題や役割）を担ったのか、それに対してどういった行動をしたのかが、成果や実績より重要です。成果や実績を築けなくても、自社で生かせるプロセスであれば、今後の糧になり役立つかもしれません。

　前職で自慢できる成果や実績を築いたことだけアピールする応募者であれば、辞める必要がないのではと考えることもできます。成果や実績を構築した経験を、自社でどのように生かせるのかを見極める必要があります。

　「成果や実績を築くために、あなたは何をしましたか？」、「その経験を当社でどのように生かせますか？」という質問を投げかけてみてください。

成果や実績のみ伝える応募者の行動特性
・自信過剰で周囲と協調できない可能性がある。
・応募企業で生かせることを考えていない。
・他社でも同様のアピールをしている。

⑭ マズローの法則を応用する

マズローの欲求階層説とは、人間の欲求には自己実現への喜びを感じるために成長に向かって、低い欲求から高い欲求へ向かう階層があるという説です。生理的な欲求から最終的には自分の能力を発揮して主体的に自分らしい生き方をするという考えですが、マズローの法則から応募者がどの段階にいるかを面接で見極めることで、応募者の本質が見えてきます。

優秀な人材という観点では仕事を通して自己実現したいタイプですが、必要とする人材は企業や職種により異なり、ミスマッチの原因になります。面接で、応募者がどの段階に当てはまるか見極められないと、採用後期待する仕事をおこなわない、あるいは定着しない結果になるのです。

面接官は単に優秀な人材を採用するという観点ではなく、職種で求めている人材を理解したうえで、ふさわしい応募者を採用すべきです。例えば自己実現の欲求が強い応募者を採用しても、日々変わらない仕事をこなす仕事では、不満が募ります。自己実現を認識している応募者は、独立志向が強い場合もありますので、応募企業でノウハウを吸収したら辞めてしまうことも予測できます。ミスマッチを防ぐためには、応募者の志向や仕事の捉え方を確認し、求めている人材と合致するかどうかを見極めることです。

第3章 面接の基本技術

マズローの法則

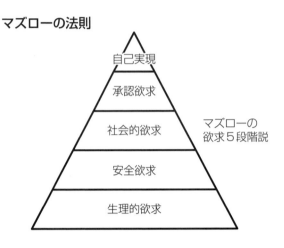

自己実現

仕事を通じて自己実現したい意識が強い。

仕事を生きがいにして貪欲に上を目指すタイプであり、信念を持って仕事をする。

メリット　　　向上心があり高い業績が期待できる。

デメリット　　目標を見出せないと定着しない。

承認欲求

自分の実力を認められたい。

組織で存在価値を高めて尊重されたい欲求で、仕事の原動力になる。

メリット　　　承認欲求が満たされれば、自信を持って仕事ができる。

デメリット　　存在価値を見出せなければ、定着しない。

社会的欲求

企業における帰属意識が強く、社員同士仲良くやりたい、穏やかな環境で仕事がしたい。

人は悪くなく、職務能力に際立ったものはないが、新しいことにチャレンジすることは嫌いではない。

メリット　　　組織の一員としてチームワークを乱さない。

デメリット　　向上心が欠ける場合があり、改善を率先しておこなうタイプではない。

安全欲求

安心して生活できる環境を望む欲求であり、経済的に安定する賃金やストレスのない環境を望む。賃金で企業を選択する可能性がある。

物欲が強く自分のできる範囲で仕事をしたいと考える。

メリット　　　安定志向であり決まった仕事をおこなう場合適している。

デメリット　　自分の仕事の範囲を決めるため改善意識が弱く受身で仕事をする。

生理的欲求

食べたい、眠りたいといった生命維持に必要な活動を求める欲求であり、多くの人は、生理的欲求では満たされない。

マズローの法則を応用した質問
仕事で大切にしていることは何ですか？

待遇面であれば安全欲求レベル、協調性であれば社会的欲求レベル等、欲求レベルを確認できる。

第3章 面接の基本技術

あなたにとって自己実現とは何ですか？

明快に語れる応募者は、自己実現の意識が強い。

逆境に立ち向かった経験がありますか？

逆境をどのように乗り越えたかを確認することで、どのレベルに位置するか確認できる。

仕事で認められないときどうしますか？

認められるために具体的に実践する方法や、チャレンジする姿勢、回答時の表情を見極める。

⓯ EQを見抜く

　仕事ができる人材は、ストレス耐性が強く周囲の人間から**協力を得て成長していく人材です**。EQ（Emotional Intelligence Quotient）とは、アメリカの学者によって提唱された「心の知能指数」と言われていますが、応募者のEQを確認することで、活躍できる人材かどうかを見極めることができます。

　EQの高い人は自己理解と共に他人も理解するため周囲から協力を得られます。さらに感情をコントロールし目標に挫折しても新たな目標にむかってチャレンジしていく人材です。ビジネスでは個人の能力だけでは成果はあげられません。周囲から協力を得られて目標を達成できる人材が、大きな成果をあげることができるのです。IQは持って生まれた知能で変化することはありませんが、EQは、経験を積むことで向上していくと言われています。学業で優秀な成績を収めた人が、必ずしも企業で貢献できるとは限りません。成績だけで判断してしまうと、入社後ミスマッチが生じる可能性があります。

　他の社員と協調して目標を達成できる人材や、目標を達成できない場合新たな目標を設定しチャレンジしていく人材が有望な人材です。成績や実績だけでなく、応募者の履歴、職務経歴から、行動特性を読み取り見極めることが大切です。

第3章 面接の基本技術

EQの高い人の特徴
・自分を理解し、他人も理解する。
・感情と行動を調整できる。
・目標達成意欲が強い。
・良好な人間関係を構築できる。
・周囲と協力して目標を達成できる。
・周囲から得られる支援や援助を活用する。

EQをチェックする質問
失敗経験から学んだことを具体的に説明してください。

　失敗にくじけず学んだことを生かし新たな目標に向かいチャレンジする人はEQが高い。

チームで達成した経験がありますか？

　クラブ活動、プロジェクト、アルバイト等のチームで行った経験について確認する。

うまくいかないときどのように感情をコントロールしていますか？

　EQの高い人は、感情をコントロールでき立ち直ることができるので、具体的な方法を確認する。

周囲の人間とどのように協調しますか？

　他者との協調について具体的に語れる応募者は、協調性がありEQが高い。

⓰ パート・アルバイトの面接

　パート・アルバイトの面接の見極めポイントは、求める労働条件に合致し、コミュニケーション能力、ストレス耐性で問題ないかをチェックします。応募者の多くが、仕事内容と労働条件で応募しますので、応募企業への強い熱意や意欲はあまり期待できません。労働条件でも時給は、企業選択の優先順位が高いので、集まりが悪いときは競合他社の条件面をチェックしてください。仕事内容も選択するうえで優先順位が高いのですが、募集の打ち出し方で反響が異なります。以前エステティックサロンの清掃や準備の要員としてパートタイマーを募集しましたが、エステレディという名称で募集しましたら、多くの応募がありました。清掃スタッフや準備スタッフでは多くの応募者を集められなかったと思います。

　パート・アルバイトであっても企業の顔になり戦力となりますので、誰でもいいというわけにはいきません。**面接では、労働条件で問題がないか、面接時の受け答えで不快感を与えないか、家族の協力が得られるか、さらにストレス耐性を見極めるために失敗や困難をどのように克服したかという点について確認してください。**仕事へのモチベーションは、面接時の説明で大きく影響します。仕事内容だけでなくパートタイマーの方々が活躍していることや仕事のやりがい、面白さを説明して気持を自社に引き寄せてください。自分に務まるか不安を抱いている応募者もいますので、研修制度について説明し不安を払拭しましょう。パートタイマーやアルバイト

スタッフが、正社員以上の戦力になることもあります。非正規雇用の面接だからといい加減な気持で面接をおこなえば、その姿勢が応募者に伝わります。基本的な対応は、正社員面接と同じスタンスで臨みますが、緊張しないように和みやすい雰囲気で面接をおこなってください。勤務時間だけでなく、働き方についても確認をしましょう。労働条件でマッチしないことがありますが、合わないからと簡単に切り捨てるのではなく、解決策がないか親身に対応してください。不採用にしたパートタイマーやアルバイトの方が顧客になる可能性もありますので、不採用通知や連絡についても丁寧におこなうようにしましょう。

💡パートタイマー・アルバイトの見極めポイント

労働条件
・募集条件と合致しているか。
・家庭や学校の問題がないか。

コミュニケーション
・受け答えがきちんとでき好感の持てる対応ができるか。
・協調性があるか。

ストレス耐性
・失敗や困難を乗り越えているか。
・仕事を理解できることを自覚しているか。

⑰ 回答のウソを見抜く

　不採用が続いている応募者は、ネガティブな要因について偽りの回答をする可能性があると考えてください。面接は提出された履歴書、エントリーシート、職務経歴書を基に質問をしますが、中途採用でブランク期間が長いにも関わらず、面接で何も質問しなければ、この間に記載されていない企業に勤務していても確認することはできません。在籍期間が短い企業は記載しなくていいと指導しているキャリアカウンセラーもいます。書く、書かないは応募者の自由かもしれませんが、ブランク期間について問われて偽りの回答をすれば、履歴を詐称していることになります。採用後記載されていない企業が判明しても、面接で質問されなかったと主張すれば、応募者に落ち度はないと捉えられる可能性があります。

　ブランク期間について質問をして応募者が自己研鑽していたと回答する場合も、自己研鑽の内容を具体的に確認してください。ブランク期間が長いことを払拭したいために、偽りの回答をしている可能性があります。

　退職理由が会社都合の場合、理由を確認してください。面接官が業績不振だろうと思い込み質問せず、後日、会社都合ではなく、本人に問題があり解雇されたことが判明するケースがあります。応募者は、採用にマイナスになることは回答しないと考えて面接に臨んでください。**最初から疑い深く面接をおこなえば応募者も不信感を抱きますが、雰囲気にのまれず、提出された書類の疑問点や回答で曖昧な点は、必ず確**

第3章 面接の基本技術

認するようにしましょう。

　短期間で辞めた企業が記載されていなくても、面接で短期間の勤務であったため記載しなかったと語る応募者であれば、特に問題ありません。自己研鑽が短期間であっても自社で生かせれば評価できます。

　指摘をしても故意に隠そうとする応募者の姿勢に問題があります。偽りの回答をしている応募者は、面接官を見て回答しません。視線がぶれる、声が小さくなる、語尾がはっきりしない場合、偽りの回答をしている可能性がありますのでさらに突っ込んで質問をしてみてください。

チェックポイント

・ブランク期間が長い場合
　➡ブランク期間でおこなっていたことを確認する。
・自己研鑽していた場合
　➡自社で生かせるスキルについて確認する。
・会社都合による退職の場合
　➡具体的な理由について確認する。
・実績や評価について曖昧な場合
　➡具体的な実績を答えるよう促す。

⓲ 適性検査を実施する

　応募者の本質を見抜くために、適性検査を実施してみてください。適性検査の結果から書類や面接では確認できない行動特性やストレス耐性について確認できることがあります。人はそれぞれ違った行動特性がありますが、面接官のなかには、応募者も自分と同じだという捉え方で、応募者を見極めているケースがあります。面接官の直観力や経験も採否を見極めるうえで有効ですが、**適性検査を実施することで、面接官が気付かない応募者の特徴を知ることができる**のです。

　様々な適性検査がありますが、検査結果から先入観を持ち面接をおこなってはいけません。あくまでも参考資料であり、採否のウエイトとしては30％位が適当でしょう。「採用すべきではない」という検査結果が出ると、面接しても無駄だと考え、面接前から不採用だと考えているようでは、良い人材を見落としてしまいます。「採用すべきではない」という結果は何を要因としているのか分析したうえで、例えばストレス耐性に問題があれば、面接で確認したうえで、採否の判断をおこなうべきです。検査結果で信憑性に疑いがあれば、仕事で嘘をつく人材かもしれません。上辺だけ取り繕うような応募者であれば、面接時の回答内容についても、信憑性を確認すべきです。

　適性検査で特定の要因に優れている結果が出ることがありますが、募集職種との関連性について検討してください。行動特性が募集職種とマッチしなければ、活躍できる人材にな

第3章 面接の基本技術

らない可能性があります。

　面接前に適性検査をおこない、検査結果で気になる点を面接で確認することで、応募者の本質を見抜くことが可能です。適性検査は良い人材を採用するためのツールの一つであり、最終的な決断は、採用担当者がおこなうべきですが、採否を決めるうえでの参考資料としては、十分活用できます。

適性検査でわかること（参考 Compass適性検査）

　行動予測
　（活動性　達成志向　チャレンジ志向　持続力　コミュニケーション　協調性　責任感等）
　注意点
　（抑うつ・不安　依存・回避的　感情的・衝動的　自己中心的）
　対人関係スタイル
　ストレス耐性
　職務適性
　適性職種
　定着性
　総合判定

コラム③ 緊張をほぐす一言

　緊張して回答ができない応募者がいますが、面接官が一言「緊張しないでリラックスしてください。実は私も少し緊張しています」と優しく言葉を投げかけてください。緊張している応募者は、入社意欲が高く失敗してはいけない気持が強いのかもしれません。緊張しているから不採用にするという安易な採否のジャッジでは、良い人材を見抜けません。先日模擬面接をした女性は、面接官と目を合わせるのが苦手で、いつも下を向いて回答していました。面接官を見て回答するよう何度もトレーニングをした結果、これまでの表情と違い伝えたいことがきちんと伝わってくるようになり、内定がもらえました。面接で応募者の本質を見抜くことが目的であれば、応募者の緊張をほぐすことも面接官の役割です。自分の気持が相手の顔に表れるといいますが、応募者が緊張しているときは、面接官の顔も緊張しているのかもしれません。応募者が気持よく回答できる環境を作ってあげてください。

第4章
オンライン面接を活用する

❶ オンライン面接 事前準備

　オンライン面接は、対面面接と違いインターネットの回線状況などが面接に影響しないように、事前の対策や応募者への告知を徹底する必要があります。

　特に回線が中断してしまったときの対応について、緊急連絡先を事前に伝えるなど、応募者が回線トラブルで戸惑わないようにしてください。スマートフォンでも対応できるような、デバイスを限定しない面接ツールアプリを選択すると良いでしょう。

　事前にカメラの位置、照明の明るさ、スピーカーなどのチェックをおこない、円滑にオンライン面接ができるかチェックをおこないます。オンライン面接は、個人情報にも関係しますので、周囲の人間がいない会議室など、静かな環境でおこなうべきです。

　画面の背景も企業イメージに影響しますので、配慮が必要です。会議室などでおこなう場合は、特に設定せずそのまま

でも問題ありませんが、オフィス内でぼかしを入れると職場を公開したくない閉鎖的なイメージを与えることがありますので、企業のロゴなど盛り込んだ明るいイメージのオリジナルの背景を設定しても良いでしょう。

オンライン面接事前チェック
・回線トラブルの対応について事前に告知する。
・安定した回線状況でおこなう。
・カメラの位置、照明の明るさ、マイクなどのチェックをおこなう。
・面接場所は、静かな場所を確保する。
・背景は周囲の社員が映らないように配慮する。

❷ オンライン 面接の流れ

オンライン面接は、5分前に待機するなど、具体的な案内を事前におこないます。面接の服装がスーツでなくて良い場合は、事前にカジュアルな服装など指示します。

応募者にとってログインすることは、対面面接の控室で待つ状況、もしくは入室と同様ですので、5分前にログインをして待つようにと指示すれば、対応に困りません。
ログインをしていきなり面接では戸惑うことがあるので、5分前のログインを促しログインしていれば、4分前位からに面接を開始するというように、予定を立てて進めてください。

対面面接と違い相手の表情が読み取りにくいので、**いきなり面接をおこなうのではなく、応募者をリラックスさせるために、天気などの話題を投げかけて、アイスブレイクをおこないます。** アイスブレイクとして、例えば自分も転職したなど、応緊張感をほぐすために、面接官の自己紹介をしても良いでしょう。

面接内容は、対面面接と変わらず、志望動機、自己PRなどの質問をおこないますが、面接最後に今後についての説明をして終了します。退室をこちらから促しますが、退出前の言動をチェックしてください。「失礼します。」の一言だけで退室する場合、入社意欲が低い可能性があります。オンラインであっても意欲のある応募者は「本日はありがとうございました。よろしくお願いいたします。」で退出します。

第4章 オンライン面接を活用する

オンライン面接実施の流れ

オンライン面接告知

・オンライン面接のURLを知らせる。
・開始5分前など、ログイン時間を説明する。
・カジュアルな服装で構わない場合は事前に伝える。
・トラブル発生時の対処法について告知する。

オンライン面接

ログイン後いきなり面接ではなく、待機させてスタートする。
↓
天気などのアイスブレイクをおこないリラックスさせる。
↓
自己紹介を促す。(職務経験の説明含む)
↓
募集概要、企業概要の説明をおこなう。
↓
志望動機、自己PRなどの質問をおこなう。
↓
逆質問を受け付ける。
↓
欲しい人材であれば、応募を促す。
↓
今後の流れについて説明し退出を促す。

③ オンライン面接 メリット・デメリット

　オンライン面接は、求職者にとって時間の効率化や交通費の負担を減らすことができますし、企業も面接の場所を確保せずに面接が可能です。

　また面接前に応募者の了解を得てオンライン面接を録画することで、**面接に参加できなかった採用担当者も応募者を確認ができ、何度も面接をおこなわず効率的に面接がおこなえます。**オンライン面接を活用して、自社の紹介ビデオを流すことも可能ですし、適性検査なども実施できます。

　デメリットは、画面上の面接のため、応募者の本質がつかみにくい点です。

　対面の面接以上に応募者の回答に興味を持ち、新たな質問をおこない応募者の言葉を引き出すことがポイントです。

メリット
・時間、場所の効率化が図れる。
・幅広く応募者を集めることができる。
・録画することで再度チェックできる。
・応募のハードルが下がる。

デメリット
・応募者の本質がつかみにくい。
・言葉以上の情報が伝わりにくい。
・求めている人材と合致しているか読み取りにくい。
・形式的な面接になり、職務経歴を重視してしまう。

④ オンライン面接 応募者の本質を引き出す質問

　オンライン面接では、予測される質問に対してカンペなどを用意している可能性がありますので、予測できない質問や用意した回答以外の回答を引き出すために、数を指定した質問や回答に対して深追い質問をおこなうことで、応募者の本質を引き出すことができます。オンライン面接では、応募者の表情が読み取りにくいので、多くの回答から読み取る必要があります。

　オンライン面接では感情が伝わりにくいので、やや大きめのリアクションで、応募者の回答に共感していることを示すなど、話しやすい環境でおこなってください。

　オンライン面接の退出について、企業側から退出を促します。対面の面接と同様に、退出時にきちんと挨拶をして退室するか見極めます。すぐに退出するようでは、入社意欲が低い可能性があります。

💡オンライン面接で本質を引き出すポイント

・相槌などのリアクションを大きめにおこなう。
・目線はカメラを見て話す。
・職務能力だけではなく幅広い質問をおこなう。
（将来像　やりたいこと、仕事の価値観など）
・回答に興味を持ち、言葉のキャッチボールをおこなう。
・回答すべき数値を提示し用意した回答以外を考えさせる。
・自社の魅力や活躍できるフィールドの説明をおこなう。

オンライン面接で回答の数を提示する質問

当社だからこそ発揮できる能力を3つお答えください。

数を指定することで、用意した回答ではなく自ら考えて回答する必要があります。
○自社だからこそ発揮できる能力を的確に回答できる。
×求めている人材とマッチしていない能力をアピールする。

当社の課題を2つあげて、改善方法を説明してください。

課題についても数を指定することで、その場で考える必要があります。改善方法について論例的に説明ができているか見極めます。
○企業研究をしていて、改善策もわかりやすく説明できる。
×課題が批判的な内容で、説明が納得できない。

社風で共感できることを2つお答えください。

企業研究をしっかりおこない、入社意欲が高く定着する人材かを見極めます。
○企業研究をおこなっており具体的に回答できる。
×曖昧な回答で、信憑性がない。

第4章 オンライン面接を活用する

⑤ AI（人口知能）面接について

　AI面接は、オンラインで人間が介入せず、AIが応募者に質問をおこない、曖昧な回答などは深掘り質問をおこないます。応募者の感情や表情など非言語の部分の画像認識も可能であり、AIが応募者のランク付けをおこないます。AIを面接だけでなく、求人情報の作成や書類選考などに活用している企業もあります。

　AIで全ての面接を完結するわけではなく、1次面接をAIでおこない、そのデータで2次面接をおこなうなど、最終的な採否の判断は人間がおこないます。適性検査を面接で活用するのと同じようなイメージです。

　人間による面接では、面接官が入社を促すなど面接状況により対応を変えることができますが、AIによる面接は、面接中に臨機応変な対応ができず、面接時間が1時間を超えることもあり、応募者が多くない企業にとっては検討の余地があります。

　AI技術がより高まっていけば、選考の一部としてAIを活用する企業は今後増えていくでしょう。

AI面接のメリット
・採用業務の効率化が図れる。
・面接官の感情が入らず客観的な選考ができる。
・遠隔の応募者も来社してもらわず選考できる。
・面接官によるバイアスがなく公平性が保てる。

AI面接のデメリット

・現在の情報で判断するため将来の可能性について見極めることが難しい。
・イレギュラーな人材の可能性を見落とす。
・社風に合うかどうかを見極めにくい。
・データが偏っているとバイアスが生じる。
・回答の微妙なニュアンスを読み取りにくい。

AI面接今後の課題

・ガイドラインの設定
 AI面接利用に伴う倫理的なガイドライン設定やプライバシー保護が求められる。
・選考の透明性
 AIがどういった判断で選考をおこなっているのか、明確化する必要がある。

AI面接今後の展望

・精度の高い評価
 思考プロセス非言語的なコミュニケーションなど、精度の高い評価ができるようになる。
・経験やスキルに合わせた評価
 経験やスキルに合せた質問内容や評価基準を、カスタマイズできるようになる。

第5章
行動・態度から本質を見抜く

❶ 応募から来社までで見抜く

　応募者の本質を見抜くためには、書類や面接だけでなく応募段階から見極めるべきです。表と裏がある応募者は、面接時の態度と日常の態度と違い、入社後問題を引き起こすかもしれません。

　応募時の電話でも、応募者の特質が見受けられることがあります。伝えたい要件だけを語り、相手が電話を切る前に切るようでは、自己中心的で相手の気持汲み取れない応募者です。電話の受け答えがはっきりせず、面接日時も決まらないようでは、優柔不断もしくは決断力に欠けている可能性もあります。伝えたい内容をきちんと説明できるか、こちらの話を理解できるかといった点から、コミュニケーション能力を見極められます。電話をかけてくる時間帯も急ぎの電話でなければ、朝早い時間帯や終業時刻間際は避けるべきですが、マナーを心得ていなければ自分本意に電話をします。

　書類を送付する場合、定型外で折れないような気遣いをし

第5章 行動・態度から本質を見抜く

て送付する応募者は、丁寧な仕事をします。一方送付すればいいと添え状を添付せず、折り曲げた書類を送付する応募者は、丁寧さや気配りで問題があるかもしれません。

　来社時間についてもチェックしましょう。会社説明会であれば早く来社することで意欲的だと受け取ることもありますが、中途採用の個人面接でありながら、面接予定時の30分以上前に来社するようでは、相手の状況を理解できない自分本意な応募者です。来社時に社内を見回すような態度の応募者は、不安で落ち着きがないこともありますが、あらを探すような視線であれば自分に合わない会社だと考えている可能性があります。入社したい企業であれば受付などの対応に集中します。受付時の応募者の表情、態度についてもチェックしてください。面接ではないと考え気が緩んでいる態度であれば、二面性のある応募者かもしれません。

担当者から感じが悪い、感じが良いといった応募者の情報も、採否を決めるうえでポイントになります。電話や受付対応する担当者から情報をもらえる体制を作ってください。

応募時

・忙しい時間に電話をかけてくる。
　➡ビジネスマナーに問題がある。
・電話の応対に問題がある。
　➡コミュニケーション能力に問題がある。
・電話の切り方に問題がある。
　➡自己中心的もしくは気持に余裕がない。

・折り目のある書類を送る。

➡相手の状況を汲み取れない。

来社時

・適切な時間に来社しない。

➡場の空気が読めない。

・受付時の対応に問題がある。

➡二面性がある。

・社内を見回す態度を取る。

➡第一志望ではない。

・コート(冬)を脱がない。

➡ビジネスマナーを心得ていない。

・来社目的など的確に説明できない。

➡コミュニケーション能力に問題がある。

❷ 控え室の態度から見抜く

　控え室の態度もチェックしてみてください。複数の応募者が控え室で面接を待っている場合、馴れ馴れしく話しかけている応募者は、社交的ではなく場の空気を読めない応募者です。多くの企業へ応募しており不採用が続いているため、真摯な気持で応募していないのかもしれません。

　控え室で足を大きく開いている態度や、足を組んでいる態度も問題があります。控え室は選考場所ではないという気持で、普段の姿で待っているのかもしれませんが、このような応募者は、面接では態度や表情を変えて謙虚な姿勢を示すものです。本質は二面性がありますので、仕事がうまくいかなければ、会社や上司の悪口を言って、他の社員のモシベーションを落とすタイプです。**相手により態度が変わる人は、同僚や後輩社員から信頼されず、成果を上げられません。**

　役員面接などで待たせる時間が長くなるときがありますが、応募者の態度や表情を確認してください。長く待たせている場合は、待たせていることを詫びたうえでビジネス雑誌などを渡してみてください。手元に置いても読もうとしない応募者は、気持に余裕がないか待たされていることが面白くないと考えられます。気持に余裕がある応募者であれば、礼を述べて読み始めるはずです。イライラした態度や表情であれば、気持に余裕がなく、協調性に問題があるかもしれません。何も告げずただ待たせるのは問題がありますが、状況を説明しても表情が険しいようでは、優秀な人材でも周囲の協

力は得られないでしょう。故意に待たせるのは問題がありますが、ストレス耐性を見極めるうえでも、面接後、担当者に確認してください。

　これから長く勤務する社員であれば、作られた表情や態度は長く続きません。誰でも少なからず二面性はありますが、露骨に表情や態度に出るようでは、入社しても成果を上げられず定着しない人材と言えます。

　控え室の態度や表情が、面接より人間性を見抜けることもあるのです。

控え室の態度

・足を組む、または足を広げて態度が大きい。
　➡相手により態度が変わる二面性がある。
・待ち時間が長いと、苛立ちの表情になる。
　➡ストレス耐性が弱い。気が短い。
・待ち時間に雑誌を提供しても読まない。
　➡緊張して心の余裕がない。
・他の応募者に馴れ馴れしく話しかける。
　➡面接慣れしている。場の空気が読めない。
・やたらと時計を見る。
　➡掛け持ちで応募している可能性がある。

第5章 行動・態度から本質を見抜く

❸ 筆記試験の消しゴムの使い方で見抜く

　筆記試験をおこなったとき、記載内容だけでなく応募者が使用した消しゴムのかすの取り扱いについて見極めてください。書くことに夢中になると消しゴムのかすを机一面に放置して立ち去る応募者がいますが、このような応募者は、自己中心的で周囲に対して気配りができない可能性があります。一方、消しゴムのかすをまとめて、担当者にゴミ箱に捨てたいことを告げる応募者は、掃除をする人のことを考えられる、思いやりのある応募者だといえます。消しゴムのかすを一つにまとめて、捨てやすいように机の片隅に置く応募者もいます。この対応も積極性にやや欠けるものの、片づける人のことを考えた行動であり、評価できます。ちらばった消しゴムのかすをわからないように、床に落としてしまう応募者がいますが、このような応募者は、わからなければいいという考え方で行動しますので、仕事で問題を起こす可能性があります。たかが消しゴムですが、されど消しゴムなのです。

　以前この話をセミナーでしましたら、警備会社の採用担当者の方が、当社も消しゴムのかすの扱い方で、人間性を見極めていると言っていました。

　筆記試験を前から後ろの応募者へ配るときの対応にも、注目してください。早く名前を書きたいと雑に渡す応募者もいれば、丁寧に後ろに回す応募者もいます。自分さえよければいいと考えている応募者の渡し方は雑であり、相手のことを考えられない行動特性を示します。企業は一人で成果を上げ

るのではなく、周囲と協力関係を構築して頑張る人間が伸びていきます。自己中心的な社員は、周囲の協力を得られず浮いた存在になり、辞めていくケースが多いのです。

　成績や面接ではわからない周囲への気配りや思いやりを、作文や筆記試験の会場から見極めてください。**相手を思いやる気持がある社員は、すぐに成果を出せなくても、じっくり確実に伸びていく人材です。**

消しゴムのかすの扱い方

・わからないように床に落とす。
　➡仕事もわからないように手を抜く。
・机の上にそのまま放置する。
　➡気配りができず自分本意に行動する。
・机の上に一つにまとめる。
　➡消極的な一面もあるが思いやりがある。
・かすをまとめてゴミ箱に捨てる
　➡積極的だが断ってから捨てるべきかもしれない。
・かすを持ちかえる。
　➡気配りができるがやや神経質かもしれない。
・担当者に断り捨てる。
　➡状況判断ができ気配りができる。

❹ グループワークから見抜く（新卒）

　新卒採用では、グループワークをおこない採否の判断をおこなっている企業がありますが、グループワークは集団における個人の行動特性が見極められるものの、採否の評価の比重を高くするのは、疑問があります。そもそもグループワークは、グループとして成果を上げることが目的であり、グループ内の立場によりやるべきことは変わってきます。またメンバーにより行動が変わってきますので、リーダーシップを発揮していると思われる学生であっても、別のグループでは、二番手としての行動がグループの成果につながると考えるかもしれません。逆にリーダー不在のグループであれば、本来メンバーとして力を発揮する応募者が、リーダーの役割を担うケースも出てきます。

　グループワークでは、メンバーとどのように関わる人材かどうかを見極める必要があります。協調性がなく話を聞こうとしない応募者は、入社後も同様に周囲と協力せず仕事を進めていく可能性があります。問題をすぐに諦め考えようとしない応募者は、言われたことだけおこなう受身の仕事しかできないかもしれません。

　採用試験という状況で参加しますので、応募者の多くは、活発な発言をおこない、リーダー的役割を担おうとしますが、無理やり行動や発言をするのではなく周囲を引き付け、意見をまとめるのがうまい人がいます。**一人だけ目立とうとせず、メンバーの意見を聞き、お互いの意見を尊重しながら結論を**

導き出そうとする応募者は、状況を的確に判断し成果を上げることができる可能性が高いといえます。

コミュニケーション能力は、上手く話ができるから、あるいは多くを語るから評価できるわけではありません。相手の意見を聞く耳を持ち、相手を尊重したうえで信頼関係を構築していきます。トップセールスだから言葉が巧みなわけではありません。どちらかといえば寡黙なタイプでありながら、顧客のニーズを的確につかんで、期待以上の行動ができるからです。

グループワークでは、テーマに熱中させることで応募者の素の行動特性が表れますので、採用担当者は、メンバーに気配りをしながら、それぞれの立場でやるべきことを的確におこなっているかを見極めてください。

💡グループワーク見極めポイント
・メンバーとどのように協調するか見極める。
・メンバーとして役割を遂行しているか見極める。
・メンバーからどのように受け取られているか見極める。
・周囲に気配りができ聞く耳を持っているか見極める。
・妨げになる行動や言動がないか見極める。

❺ 挨拶、語調、視線から見抜く

　面接では、回答内容と共に、態度、表情、語調から応募者の本質を見抜くことが大切です。入室時に覇気のある挨拶をするかチェックしてみてください。模擬面接をすると学生は、学校で指導を受けていることもあり元気よく挨拶しますが、中途採用では、元気がなく意欲を感じない応募者がいます。本来社会人であれば好感を持たれる挨拶ができるはずですが、転職がうまくいっていないため自信を喪失し、覇気のある挨拶ができない応募者もいます。

　回答内容も本心でなければ言葉に覇気がなく思いが伝わってきません。予め作成した回答内容を暗記して棒読みで語る応募者であれば、自分の言葉で語るよう促してみてください。暗記してきた言葉が本心であれば問題ありませんが、面接攻略本をそのまま暗記してくるようでは、応募者の本質は見抜けません。自分の言葉で語っていない時点で不採用にするのではなく、応募者の良い部分を探すためにも、緊張感を和らげたうえで、自分の言葉で話すよう促すべきです。

　語尾が弱い応募者は、偽りの回答や背伸びした回答をしている可能性があります。逆に語尾が強い応募者は、事実を語っているのかもしれませんが、自己本意であり相手の気持を汲み取れない可能性があります。

　コミュニケーション能力は、どの仕事でも大切な要因になります。上手く話せなくても思いが伝わる応募者であれば、入社後も既存社員や顧客とうまくやれますが、違和感を覚え

る場合は、何が原因なのか考えたうえで、指摘をすれば修正できるものなのか検討しましょう。

応募者の視線もチェックしてください。回答に自信がない、あるいは偽りの回答をしている応募者は、面接官を見ようとせず視線をそらします。信憑性のない回答であれば、聞き流すのではなくさらに突っ込んだ質問をしてみましょう。事実を語る応募者は、視線がぶれず面接官を見て語ります。**面接は回答内容だけでなく、回答の信憑性を表情、語調から見極めることが重要**です。疑いながら回答を聞けば、応募者は疑われていると察知しますので、回答に興味を持って聞きながら、おかしいと感じたら、聞き流すのではなくさらに質問をしてください。

口角が下がっている応募者は、緊張している可能性もありますが、面接官に好感を持っていない、あるいは自信がない可能性があります。

💡表情・態度見極めポイント

・挨拶に覇気がない
　➡自信がない。不採用が続いている。
・視線をそらす
　➡回答に自信がない。偽りの回答の可能性。
・語尾が聞き取りにくい
　➡回答に自信がない。
・語尾が強い
　➡回答に自信がある。自分本意の可能性。
・口角が下がる
　➡緊張している。好感を持っていない。

第5章　行動・態度から本質を見抜く

❻ 退室時の動作で見抜く

　退室時の応募者の表情、態度をチェックしてください。不採用の応募者であれば特に気にする必要はありませんが、採用したい応募者であれば、面接に満足し入社意欲が高いかどうかを見極めなければ、採用の連絡を入れても辞退される可能性があります。

　企業側が採否の判断をすると考えがちですが、応募者も企業選択をしています。優秀な人材であれば、他の企業も欲しがる人材です。面接は、応募者の本質を見抜くと同時に、応募者の気持を自社により向けさせる場なのです。

　入社意欲が低い応募者は、最後の挨拶で面接官を見て挨拶しません。「よろしくお願いします」の一言がない、あるいは覇気がないこともあります。入社意欲が高い応募者は、「本日はありがとうございました。ぜひよろしくお願いします」と元気よく挨拶します。

　足早に立ち去ろうとする応募者は、入社意欲が低いことを行動で示しているのかもしれません。**入室時は、きちんと挨拶をした応募者が、退室時は挨拶もせず退室するようでは、面接で納得できないことがあった可能性が高いのです。**

　自社の仕事内容や労働条件に納得して入社してもらうことが大切ですが、面接官が、厳しさや自社のネガティブな話を強調すれば、あえて入社したいとは思わないのです。ネガティブな話でも、現在改善している途中であり、入社した際は、いっしょに良くしていこうと言葉を投げかければ、応募者の

気持は変わります。

　伝え方で応募者の気持が変わる内容であれば、応募者の気持がよりポジティブになるように考えて、面接をおこなってください。

　不満な表情や態度で退室する場合、原因について分析してみることが必要です。特に思い当たる理由がないことが問題であり、面接官が気付かず語っている一言や態度が、応募者のやる気を失う原因なのかもしれません。採用したい人材の表情や態度がおかしければ、面接後にフォローすることも必要です。

　退室時に入社の意志について確認する面接官がいますが、確認する場合でも、「内定を出せば入社するか？」とダイレクトに問わず、面接を通じて具体的に興味を持った点を確認してください。入社の意志を強引に聞けば、応募者が少なく誰でもいいから採用したいと受け取られる可能性があります。

入社意欲がない応募者の退室時の表情・態度
・「よろしくお願いします」の言葉に覇気がない。
・足早に立ち去る。
・面接官を見ようとしない。
・退室時の挨拶に思いがない。

第5章 行動・態度から本質を見抜く

コラム④ 第一印象

　採用担当者向けセミナーでは、第一印象だけで判断してはいけないと申し上げますが、多くの面接をしてきたベテラン面接官は、第一印象で応募者を判断してしまう傾向があります。以前私がテレビで人を見抜くプロが4名の中から本物を一人見抜くという番組に出演したときですが、最初に出演したときは、見事にはずしてしまいました。第一印象で判断し間違いないと思い込んでしまったのが原因ですが、多くの面接をしてきても第一印象だけでは見極めることはできません。これまでの経験が、ときには判断を誤らせることもあります。人はそれぞれ違います。一人として同じ人間はいないのです。これから面接をする応募者は、初めて会う人であり、経験に基づいた先入観で判断してはいけないのです。ちなみに、二回目に同じ番組に出演させていただいたときは、本物を見抜き、無事リベンジすることができました。

第6章
定番質問の見極めポイント

① 志望動機の見極めポイント

　志望動機は面接でほぼ間違いなく質問されると応募者は考えていますので、予め回答を用意してきます。用意してきた回答であっても事実に基づき本心であれば問題ありませんが、採用されたいために偽りの回答をしているようでは、入社後ミスマッチが生じます。

　履歴書に記載している志望動機をそのまま読み上げる応募者がいますが、具体的な経験内容や実績など気になる点について、さらに突っ込んだ質問をしてください。

　志望動機の見極めポイントは、**自社で叶えたいこと、自社で生かしたいスキルや適性、自社だからこそ入社したい動機について見極めます。**どの企業でも通用する曖昧な志望動機であれば、入社意欲が低いため入社しても定着しない可能性があります。新卒採用では、実務経験がありませんので、学校で学んだことやアルバイト経験が、志望動機のきっかけになります。中途採用では、これまでの職務経験を生かして短

第6章　定番質問の見極めポイント

期間で戦力になるかどうかを見極めることが大切です。中途採用では、憧れや思いだけでは採用は難しいでしょう。自己分析ができていて発揮できる能力を自覚したうえで、経験を生かして貢献したいという回答は、戦力になる人材として評価できます。未経験の職種を希望する場合でも、関連するスキルをアピールできているか、さらに不足しているスキルや知識は自ら自己研鑽している点をチェックします。

　学んだことや経験したことを生かせるという理由だけでは、他社でも可能かもしれません。企業研究をしており、自社の特徴を踏まえたうえで自社だからこそ仕事がしたいという回答が盛り込まれていることがポイントです。現状の企業実績を理由に入社したいようでは、実績が悪くなれば辞めていくかもしれません。「業界トップクラス」「商品が優れている」といった理由は、これまで既存社員が積み上げてきた実績であり、この点を強調する応募者は、他力本願であり受身で仕事をする可能性があります。「～がしたい」という回答に対して、「そのためにあなたは何をしますか？」と質問をしてみてください。思いだけでなく働く姿をイメージして回答できる応募者は、本気で入社を考えています。

　回答するときの表情もチェックしてください。本心で回答している応募者の視線に濁りがなく、熱い思いが面接官に伝わってくるはずです。

💡志望動機の見極めポイント

・これまでの経験で生かせることを確認する。
・自社だからこそ入社したい具体的な理由かどうか確認する。
・回答時の表情に熱意、意欲を感じるか確認する。
・理想だけでなく現状を把握しているか確認する。
・自社で叶えたいことが実現できるか見極める。

志望動機から派生する質問

・どのようなキャリアゴールを目指していますか？
・当社でなくても実現できるのでは？
・そのためにあなたは何をすべきだと思いますか？
・当社の企業情報をどのように調べていますか？

第6章 定番質問の見極めポイント

❷ 自己PRの見極めポイント

　自己PRの見極めポイントは、実務面でどのように生かせるかを見極めることです。さらに仕事への熱意や自社への入社意欲を自己PRから確認します。
新卒採用では、実務経験がありませんが、学生時代に学んだことやアルバイト経験を生かして、何ができるのかチェックしてください。中途採用では、より具体的に自社で発揮できる職務能力をアピールできているか確認します。**自社で求めている人材を把握していない応募者は、回答が漠然としており、活躍するイメージが伝わりません。**具体的な事例を盛り込みながら、発揮できる職務能力をアピールできていれば、自社で活躍できる人材だといえます。

　自己PRが自慢話になっていないか確認をしましょう。自慢話は、過去の実績を述べるだけの回答で自社で何ができるか、何をやるべきかという視点が盛り込まれていません。

　自己PRの回答からコミュニケーション能力もチェックしてください。伝えたいことが伝わってくる内容かどうか確認します。結論を先に述べる回答は、結論を最初に理解できるので、その後の回答が多少ぶれても伝わります。思いだけで語る応募者は、熱意は感じるものの、応募者が語る言葉から何を伝えたいのかわからないのです。特に結論が後回しになると、長々と回答するだけで自己PRになっていない応募者もいます。

　自己PRの回答に時間の制限を設けて見る方法もあります。

「1分以内で自己PRをしてください」と制限時間を設けることで、回答内容だけでなく話の纏め方や伝え方についてもチェックできるのです。

　裏付けとなる経験した事例を盛り込まず、自己PRする応募者に対して、具体的な事例を語るように促してください。良いことは誰でも言えますが、信憑性のない自己PRであれば鵜呑みにできません。アピールしたことが実務面でどう生かせるか、アピール内容が信憑性のあるものなのかという点を意識しながら、回答を聞いてください。

💡自己PR見極めポイント
・自社で発揮できる能力か見極める。
・経験に基づく具体的な内容かどうか見極める。
・自慢話になっていないか見極める。
・コミュニケーション能力を見極める。

自己PRから派生する質問
・具体的な経験を語ってください。
・当社でどのように生かすことができますか？
・実力に対して周囲はどのように評価していますか？
・当社が期待していることは何だと思いますか？

第6章 定番質問の見極めポイント

❸ 長所・短所の見極めポイント

　長所・短所の質問についても、応募者は予め回答を用意してきます。**長所・短所の回答は、これまでの経験に基づき事例を合わせて回答しているかチェックしてください。**抽象的な回答であれば、これまでの具体的な経験を求めても構いません。長所の回答では、自社で生かせる長所なのか見極めます。長所と自己PRの違いは、長所は自分の視点から見た人柄や性格であり、自己PRは企業の視点で、仕事で生かせる強みです。

　短所の回答内容は、自社で問題を起こす可能性について見極める必要があります。短気な性格であれば、社員や顧客とトラブルを起こす可能性があります。飽きっぽい性格であれば、定着せず辞めてしまうことも予測できますので、短所が仕事に及ぼす影響について考えてください。また短所を改善しようとしているか否かで、短所の捉え方が違ってきます。短所だから仕方がないと割り切っている応募者は、仕事でも改善能力がなく、できなければできないで終わらせてしまう応募者です。短所を自覚し、改善しようとしていることまで回答できる応募者であれば評価できるでしょう。

　短所はないと回答する応募者が稀にいますが、このような応募者は逆に問題があります。自己分析ができないだけでなく、自分本意で問題を問題として受け止められない性格かもしれません。特に新卒採用では、先輩社員から指導を受けても素直な気持で取り組めないため、問題を引き起こします。

長所、短所を的確に回答できる応募者は、自己分析ができており、仕事に対しても自分の強み、弱みを理解したうえで成長していきます。逆に自己分析ができていないと、仕事に対して、もっと自分に合う仕事があるはずだと考え、仕事に打ち込めないだけでなく転職を繰り返すことがあります。

　長所、短所の事例から、回答をただ聞き流すのではなく、さらに質問をおこない言葉のキャッチボールをしてください。回答に興味を持ち掘り下げて質問をしていく面接官の姿勢は、応募者に好感を持たれます。質問を繰り返していくことで応募者の本質が見えるのです。

💡長所・短所見極めポイント
・長所は自社で生かせる内容か。
・短所が仕事に影響を及ぼす可能性がないか。
・短所を改善しようと努力しているか。
・回答内容に信憑性があるか。

長所・短所から派生する質問
・<u>長所に該当する経験を教えてください。</u>
・<u>長所を仕事でどのように生かせますか？</u>
・<u>短所が仕事で影響したことがありますか？</u>
・<u>短所を克服しようとしていますか？</u>

❹ 学生時代の見極めポイント（新卒）

　新卒採用では、学生時代に打ち込んだこと（ガクチカ）について質問をおこない、**仕事との関連性、上下関係の理解度、目標達成能力、コミュニケーション能力、ストレス耐性等を見極める**ことができます。定番質問は、予め回答を用意してきますので、回答内容を聞き流さずさらに突っ込んだ質問をして、信憑性を確認してください。

　サークル活動やアルバイト経験のみの回答であれば、学業についても述べるよう促してみましょう。逆に学業のみであれば、サークル活動やアルバイト経験について質問をします。学業に打ち込んできたことは学生として評価できるものの、自社で生かせる分野なのか見極める必要があります。全く関連性のない専攻であれば、志望動機を含めてなぜ専門を生かさず自社で働きたいのか質問をします。希望する業界が厳しいからという理由であれば、採用しても定着しない可能性があります。サークルやアルバイト経験のある学生は、上下関係を理解しており、入社後先輩社員や上司と良好な関係を築けますが、学業のみに打ち込んできた応募者は、優秀な成績であっても対人関係に問題があり、企業で成長できないこともあります。アルバイト経験については、勤務した期間や具体的な仕事内容について質問をします。アピールする内容がないため、短期間のアルバイト経験を強調している場合もありますので、信憑性のある内容かどうか見極めてください。

　サークル活動では、どのような役割を担っていたか、その

経験から仕事で生かせることについて質問をします。サークルに打ち込んできた応募者は、語るときの表情が真剣で経験から得たことを具体的に語ることができます。

特に何も打ち込んだことがない応募者は、仕事でも目標や目的を見出せず、就職時期だから働くという姿勢で応募しているかもしれません。抽象的な回答しかできない応募者に対して、具体的に述べるよう促しても伝わるものがなければ、漠然と学生生活を送ってきた応募者です。中途採用の職務経歴に該当する部分ですので、打ち込んできたことと自社の職務との関連性についても見極めてみましょう。

💡学生時代の見極めポイント
・目的を持って学生生活を送ってきたか。
・学業、アルバイト経験が自社で生かせるか。
・具体的な事例が盛り込まれており信憑性があるか。
・企業における上下関係に対応できるか。

学生時代の質問から派生する質問
・打ち込んできたことをどのように仕事に生かせますか？
・サークルの人間関係で困ったことがありますか？
・アルバイト経験で仕事に生かせることがありますか？
・アルバイトした業界には興味がないのですか？

第6章 定番質問の見極めポイント

❺ 職務経歴の見極めポイント（中途）

　職務経歴の回答から、自社で求めている職務を理解したうえで、生かせる職務を意識して回答しているかどうかを見極めてください。提出した職務経歴書をただ読み上げるような回答であれば、発揮できる職務能力を把握していません。転職者であれば、**これまでの経験から応募企業で発揮できる強みをウリとしてアピールできなければ、採用しても受身の仕事しかできないでしょう。**

　中途採用では、これまでの職務経歴が採否の重要なポイントになります。一流企業に勤務していても自社で生かせる職務能力や経験がなければ実務能力が劣り、既存社員とうまくいかず辞めていきます。

　職務経歴の信憑性について確認をしてください。回答に実績や評価が盛り込まれていない、あるいは回答時に視線をそらすなど、自信のない回答であれば信憑性を疑ってみる必要があります。少ない経験でも必要とされている職務という理由から強調して回答する応募者がいますので、疑問があれば実績や具体的な職務についてさらに質問をしてください。

　職務経歴について長々と回答する応募者も、伝えたいポイントが理解できていません。これまでの経験期間にもよりますが、通常は1分程度に纏めて回答できなければ、携わってきた職務を語っているだけの回答です。

　これまでの職務経験から自社でできることが伝わってこない場合は、これまでの職務経験を生かして自社で何ができる

か質問をしてみましょう。

　回答時の表情、視線もチェックしてください。自信のない応募者は声も小さく視線をそらします。回答内容の信憑性をチェックするうえでも、応募者の表情、視線をチェックし、疑問があればさらに掘り下げて質問をしましょう。

　中途採用では、短期間で戦力になる人材を求めることが多いので、性格がいい、熱意があるという理由だけで採用すべきではありません。これまでの職務経験を自社でどのように生かして貢献していきたいのか、応募者の回答と表情から見極めてください。

💡職務経歴の見極めポイント
・自社で求めている職務を理解しているか。
・求める職務と関連性のある経験を強調しているか。
・回答に実績や評価だけでなくプロセスが盛り込まれているか。
・回答時の表情から仕事への自信を感じるか。

職務経歴の質問から派生する質問
・<u>**具体的な実績や評価を教えてください。**</u>
・<u>**当社独自のやり方がありますが大丈夫ですか？**</u>
・<u>**業界が違いますが、問題ありませんか？**</u>
・<u>**マネジメント経験はありませんか？**</u>
・<u>**実績だけでなくプロセスを説明してください。**</u>

6 退職理由の見極めポイント（中途）

様々な退職理由がありますが、自己都合による退職であれば、安易に嫌だから辞めていないか、職務能力が劣り辞めていないか、会社都合による退職では気持を引きずっていないかといった点を見極めてください。

前職の状況から逃げ出すだけの転職であれば、自社でも同様の問題が発生する可能性があります。関連性のない転職を繰り替えしている応募者は、常に現状の仕事に満足できず、自分に合う仕事を求めているのかもしれません。

実際の退職理由が、人間関係がうまくいかない、正当な評価を得られない、労働環境が悪い、待遇が悪いといった理由であっても、マイナス評価になると考え事実を語らない応募者がいますので、不審な点があれば詳しく聞くことも必要です。待遇面が不満で辞めた応募者は、採用しても待遇面で再び転職をする可能性があります。

退職理由を隠そうとする応募者であれば、今後に影響する理由があるかもしれません。本人に問題があり辞めていても、不利になるからと考え、事実を回答しない応募者もいます。業績不振による退職理由を語る応募者に対して、30代以降であれば業績不振を打破するためにおこなった具体的な内容を確認してください。他人事のように業績不振を理由にする応募者は、責任感がなく職務能力が劣っていることがあります。

在職中の応募者の転職理由についても、なぜ転職したいのか確認が必要です。正当に評価されていない、嫌なことがあっ

たから転職したいという応募者は、内定を出しても引き止められて辞められないという理由で、内定を辞退する可能性があります。

　退職理由は、自社でも起こりうる可能性を見極めるうえでも確認すべきですが、過去に捉われ過ぎて、応募者の現在の職務能力を見落としてしまうことがありますので、退職理由だけに面接が集中しないようにしてください。退職理由がやりたいことの実現であり、前職でできず自社で可能であれば、志望理由と関連性があり活躍が期待できる応募者です。

💡退職理由の見極めポイント
・前職が嫌だからという理由だけで応募していないか。
・会社都合の場合、気持を切り替えて応募しているか。
・安易に業績不振を理由にしていないか。
・志望理由と関連する理由を回答しているか。

退職理由の質問から派生する質問
・当社でも同様の理由で辞めませんか？
・これまでの転職に一貫性がありませんね。
・前職では実現できなかったのですか？
・なぜ同業界で転職するのですか？

第6章 定番質問の見極めポイント

❼ 定番質問を変形して本質を見抜く質問

　志望動機、自己PR、職務経験、退職理由といった定番質問を変形して質問することで、応募者は用意してきた回答ではなく、自分で考えた言葉で回答します。質問の切口を変えて本質を見抜いてください。

【志望動機の変形質問】
多くの企業のなかでどうして当社がいいのですか？

　志望動機だけでなく、他社を企業研究したうえでの回答が求められます。自社の特徴だけでなく他社も理解していなければ、回答できません。回答が曖昧であれば、企業研究がされていない、もしくは志望意欲が弱いと考えてください。

前職と同業ですがなぜ当社を志望するのですか？（中途）

　同業種からの転職は即戦力として期待できる半面、なぜ同業種でありながら転職したいのか見極める必要があります。前職と自社の違いを理解しており、前職でできないことが自社ならば実現できるといった明快な回答が求められます。

同業種の企業へ応募していますか？

　同業種のなかでの自社の位置づけから、自社への志望意欲を見極めます。第一志望と回答する応募者に対して、なぜ第一志望なのか理由を確認してください。自社の特徴や自社だからこそできることを理解しているか見抜いてください。

【自己PRの変形質問】
１分以内で自己PRしてください。

　自己PRの回答は、多くの応募者が予め用意をしてきますが、時間を決めることで、その場で自己PRについて考えなければならず、用意してきたい模範解答ではなく、応募者自身が考える自己PRを確認することができます。

　制限時間内で収まらない、あるいは時間が余ってしまう場合は、質問の意図を理解できず、用意してきた自己PRをそのまま回答している可能性があります。こういった応募者は、仕事でも柔軟性がなく、タスク管理ができないでしょう。

あなた自身を商品と捉えて売り込んでください。

　回答内容は自己PRと同様なのですが、商品と指摘されることで何を語るべきか考える応募者がいます。売り込むという言葉から、面接官がより興味を持つ内容を端的に話すことが求められており、伝えたいことを伝えるスタンスから、面接官を顧客と捉えて欲しいと思わせるためのコミュニケーション能力が必要になります。

あなたが当社で発揮できる強みを一つ語ってください。

　一つに絞り込まなければならず、応募者が何を伝えるべきか考えます。漠然とした回答ではインパクトを与えません。ウリとなる強みを自覚している応募者は、変形質問であっても瞬時に面接官の意図を汲み取り回答することができます。

第6章 定番質問の見極めポイント

【職務経験（学生時代）の変形質問】
自己紹介してください。

中途採用では、自己紹介であってもこれまでの職務経歴を中心に説明しなければ評価できません。名前と会社名しか述べない応募者であれば、アピールできる内容が乏しいと考えられます。新卒採用では、自己紹介から学生時代に打ち込んできたことなどを簡潔に説明できる応募者が評価できます。

これまでの職務経験から当社で最も生かせる経験をお聞かせください。（中途）

応募者が自社で生かせる経験を自覚していなければ、明確な回答はできません。最も生かせる経験を質問することで端的な回答が期待できます。回りくどくなくダイレクトに質問することで、応募者の職務能力を把握できます。

これまでのお仕事について1分程度で説明してください。（中途）

時間の制約を設けることで、応募企業で生かせる経験を纏められるか見極めてください。長々と回答する応募者は、仕事もだらだらとおこなう傾向があります。逆に1分で纏めるよう指示したにも関わらず、数十秒で終わってしまうようでは、職務能力に期待できない可能性があります。

【退職理由の変形質問】
これまでの企業は円満に退社されていますか？（中途）

円満ではないと回答する応募者は少ないのですが、一瞬でも表情が曇れば、円満に退職していない可能性があります。

特に短期間で辞めている場合は、実務能力に問題があった可能性があります。

業績不振で辞められていますが、あなたは業績を上げるために何をしましたか？（中途）

業績不振を退職理由にする応募者が多いのですが、30代以降であれば、業績不振を打破するために行ったことを具体的に確認してください。中堅社員で他人事のように語るようでは、責任感がなく職務能力は期待できません。

これまでの退職理由を簡潔にお聞かせください。（中途）

転職回数が多い応募者に対して、原則として全ての企業の退職理由を確認すべきです。簡潔にという言葉から、言葉を省略して「自己都合です。」と回答するようでは、退職理由に問題がある可能性があります。

💡変形質問の見極めポイント
・質問の切口を変えることで本音で回答しているか。
・回答時の表情、語調に好感が持てるか。
・臨機応変に対応できる能力があるか。

第6章 定番質問の見極めポイント

コラム⑤ 定番質問の弊害

　志望動機、自己PRといった定番質問は、応募者が予め回答を用意してきます。模範回答だけでは採否の判断はできませんが、どの応募者も同じに質問しなければフェアではないと考える面接官は、どの応募者にも決まった質問を繰り返しています。応募者一人ひとりの経験が違うわけですから、当然質問も違っていいのです。定番質問であっても、質問内容を少し変えるだけで、応募者の回答も違ってきます。1日に多くの面接をおこなう状況で、同じ質問を繰り返していては、面接官は、適切な判断ができなくなってきます。面接では言葉のキャッチボールを意識することが大切です。応募者の回答に興味を持ち、もっと話を聞きたい気持で新たな質問を繰り返すのです。興味を持たれていると感じる応募者は、本音で語るようになります。決まった質問だけで採否の判断をするならば、面接ではなく書類だけのジャッジと変わらないのです。

第7章
「能力・適性」を見抜く質問

① 事務職　職務能力を見抜く質問

円滑なコミュニケーション能力、資料作成やデータをまとめるパソコンスキル、さらにマルチタスクをこなすための事務処理能力を見抜きます。

なぜ事務職を希望するのですか？

営業や販売職に就きたくないという理由で事務職を希望するようでは、活躍する人材として疑問があります。事務職で求められるパソコンスキルや語学力に長けているだけでなく、経理、人事、総務といった専門分野の知識、さらに事務職に対しての思いを回答から見極めてください。

事務職に就きたい気持が強い応募者は、事務職で求められるスキルを高めるために、自己啓発していることもアピールします。

事務職は、後方部門としてバックアップしていく姿勢が求められるので、受身で言われたことをこなすだけでなく、問

第7章 「能力・適性」を見抜く質問

題改善意識についてもチェックしてみてください。

この質問から事務職の社員としてのビジョンを確認することで、職種に対して本気度を見極めることができます。

💡見極めポイント

・他の職種が嫌で志望していないか。
・事務職に必要なスキル、知識があるか。
・コミュニケーション能力に問題がないか。
・将来のビジョンを描いているか。

事務職から営業などに異動になることがありますが、大丈夫ですか？

基本的に異動があるという状況で確認すべきですので、この回答で難しいという応募者であれば、採用すべきではありません。特に新卒採用で総合職といったメンバーシップ型雇用であれば、適性を踏まえて事務職で採用しても将来別の部署へ異動することはあります。中途採用の経験者であれば、これまでの実績を評価して事務職のスペシャリストとして採用することがあっても、職種へのこだわりが強く、企業貢献という観点で仕事を捉えていない応募者は、自分本意の考え方で、やりたいことだけおこなう可能性があります。

回答は、事務職としての強みや思いを述べたうえで、必要とされるのであれば異動は問題ないという積極的にチャレンジする姿勢が望ましいでしょう。この質問で応募者が事務職しかやりたくないという回答であれば、既存社員との協調性

や適応力で問題が起きるかもしれません。事務職への意欲と共に、組織の一員として頑張る姿勢を確認してください。

💡見極めポイント
・企業に貢献していきたい思いがあるか。
・職種に偏った信念がないか。
・安易な気持で事務職を希望していないか。
・不満な気持が表情や態度に表れていないか。

Excelはどの程度使えますか？

　事務職の応募者に対して「パソコンは問題ないですか？」など漠然とした質問をすれば、「問題ありません」と回答するでしょう。高度なスキルを求める事務職で、パソコンのレベルが入力程度であれば、入社後戦力となりません。

　Excelなど具体的なアプリケーションソフトについて質問をおこない、回答が「使用できます」といった漠然とした回答であれば、自社で必要なスキルと合わせて、例えば「関数を使って、データ集計や分析ができますか？」あるいは「オートフィルは使えますか？」などの質問をおこない、パソコンスキルを確認します。**具体的なパソコンスキルを質問することで、応募者のレベルを把握できます。前職でExcelを使いどういった業務をおこなっていたか確認をしても良いでしょう。**

　パソコンスキルが必要な仕事であれば、試験をおこないスキルを見極めるのも一つの方法ですし、パソコンスキルだけ

第7章 「能力・適性」を見抜く質問

でなく、経理や人事などの事務職であれば、専門知識についても試験をおこなうことで、能力が確認できます。

💡見極めポイント

・曖昧な回答ではないか。
・回答から使用経験の信憑性があるか。
・具体的なスキルの確認に対して明快な回答が得られるか。
・試験をおこなうと告げて表情が変わらないか。

事務系の仕事で求められていることは何でしょうか？

同職種であっても求める人材が違いますので、この質問から自社の企業研究について見極めることができます。事務系の仕事に就きたい気持が本心であれば、やりたいこと、やるべきことを具体的に語ることができます。新卒採用であれば、多少曖昧な回答でも問題はありませんが、中途採用では、これまでの経験を踏まえて発揮できる能力を具体的に示すべきです。

多くの企業は営業や現場社員をバックアップする後方支援的な役割が重要になりますので、本部の仕事がしたいという安易な考え方では、事務職は務まらないでしょう。

知識、スキルを生かしてより企業貢献していく姿勢と、問題を放置せず改善していく前向きな姿勢が求められています。正解はありませんが、この質問をおこなうことで応募者がどれだけ本気で事務職に就きたいか、さらに自社でやるべきことを理解しているかを見極めることができます。

💡見極めポイント

・自社で求めている事務職と合致するか。
・後方支援について理解しているか。
・今後のビジョンを含めて回答しているか。
・問題改善意識を持って取り組む回答か。

人事としての当社で発揮できる強みを教えてください。

　中途採用の経験者に対して、ぜひこの質問をしてみてください。応募企業で求めている人材を想定しなければ、これまでの経験を回答するだけで、インパクトのある回答ではありません。中途採用では短期間で戦力になることが求められており、それぞれの部門でもより必要とするスキルがあります。例えば人事であっても給与計算や社会保険手続きの実務に優れた人材を求めていることもあれば、人事戦略や採用戦略を構築し実行できる人材のケースもあります。職務経歴書に記載されている内容を鵜呑みにせず、何ができるか、そして具体的にどのようにおこなうのか質問することで、応募者の実力を見極めることができるのです。発揮できる能力が整理できていない応募者は、回答に戸惑います。入社してみなければわからない等、曖昧な回答であれば採用すべきではありません。中途採用で良い人材は、専門職として、求人記事や面接から、やるべきことを理解し回答できます。

第7章 「能力・適性」を見抜く質問

💡見極めポイント

・自社で求めている職務と合致するか。
・実績から信憑性がある回答か。
・やるべきことを具体的に語れるか。
・仕事に対してプロ意識を感じるか。

❷ 営業職　職務能力を見抜く質問

　論理的思考力、コミュニケーション能力があり、自社の営業スタイルを理解しているか、さらに相手に与える印象が悪くないかを見抜きます。

営業職としてあなたが発揮できる強みを説明してください。
(新卒)

　営業職について事前に調べたうえで、回答できているか確認してください。自己分析できている応募者は、これまでのアルバイト経験などから具体的に発揮できる能力をアピールできます。就職活動がうまくいかず、営業職ならば入社しやすいと考えている応募者は、覇気がなくアピールも説得力がありません。意欲や熱意を感じない応募者であれば、採用しても営業職として成果をあげることは期待できません。回答に真摯に答えようとしない応募者は、売上が上がらないことを責任転嫁する可能性があります。営業職を本気で考えている応募者は、何をやるべきかイメージしていますし、やるべきことと関連付けて強みをアピールします。この質問から、回答を裏付ける経験についてさらに質問をしてみるといいでしょう。

💡見極めポイント
・自己分析ができているか。
・営業職の仕事を理解しているか
・説得力のある回答か。
・これまでの経験を基に回答しているか。

第7章 「能力・適性」を見抜く質問

知人、友人からどのように思われていますか？

　他者評価を見極めるための質問です。営業職では対人交渉力が求められますが、知人、友人が少なく評価が曖昧であれば、人間関係の構築が難しい可能性があります。

　他者評価を明快に回答できる応募者は、知人、友人との関係も良好であり、定着する人材だといえます。知人、友人との交流が少ない応募者であれば、営業職として攻めの営業が期待できません。営業職の顧客は人であり、良好な人間関係を構築できる応募者が、活躍する良い人材です。個人の顧客を対象とする営業職であれば、知人、友人も顧客対象になりますので、極端に少ないようですと採用は難しいかもしれません。

　この質問は営業職以外でも質問することで、応募者の交友関係をチェックできます。さらに友人とどのような交流をしているのか質問してみましょう。他者評価は自己PR以上に信憑性があることも多いのです。

💡見極めポイント

・評価内容だけでなく人数も把握する。
・良好な人間関係を構築してきたかを見極める。
・曖昧な回答であれば、人間関係を疑ってみる。
・どのような友人、知人が多いか探る。

営業経験を当社でどのように生かせますか？（中途）

　中途採用の営業経験者に対して具体的に何ができるか確認をします。この点がぶれていると、豊富な営業経験でも入社後ミスマッチを起こします。自社の実情を説明したうえで、具体的な回答を引き出してください。

　営業職の採用では、回答内用が立派でも実績が伴わなければ、貢献できる人材ではありません。これまでの職務経験を生かして具体的な営業方法をイメージしている応募者は、即戦力として活躍でき、入社意欲も高いといえます。入社意欲が低い、あるいは受身の姿勢で仕事をする応募者は、入社してから考えると回答します。営業職であれば、積極的に行動し攻めの営業ができるか見極めるべきです。異なる業界からの応募であれば、業界知識や商材の違いをどのように克服するのか質問をしてみてください。営業職にとって事前のリサーチは重要なポイントですので、応募者が自社をリサーチしたうえでの応募かどうかを見極めてください。

見極めポイント
・自社を理解したうえでの回答か。
・やるべきことを把握しているか。
・これまでの実績に信憑性があるか。
・業界が異なっても知識に問題がないか。

第7章 「能力・適性」を見抜く質問

営業経験で苦労したことをお聞かせください。（中途）

営業の成功体験を語る応募者は多いのですが、苦労したことや失敗については回答を用意してきません。苦労したことをどのように克服したか確認することで、営業職としての職務能力や問題改善能力を見極めることができます。この回答から、自社の営業職として発生する問題についても対応できる能力があるかチェックします。

苦労した原因が他人による場合でも、言い訳をせず自分の問題として捉えていれば、責任感があり見込みのある良い人材です。一方、部下の不始末等について、長々と語るようでは、応募者自身の管理能力不足が原因であることを自覚していません。営業職であれば、顧客に対して迷惑をかけたことは、自分が原因でなくても担当営業職として責任があります。他人の責任にせず、今後の糧として捉えているかどうかをチェックしてください。苦労を失敗に置き換えても構いません。応募者が予測していない質問から本質を見抜いてください。

💡見極めポイント

・苦労したことを他人の原因にしていないか。
・今後の糧として捉えているか。
・ストレス耐性に問題はないか。
・信憑性のある回答をしているか。

❸ 販売系　職務能力を見抜く質問

　第一印象に好感が持てて、人柄が社風に合っているか、良好な人間関係を構築でき、責任感があるかを見抜きます。

当社の店舗に行かれたことがありますか？

　販売職を希望する場合、応募企業の店舗に行ったことがないようでは、志望意欲に問題があります。遠方からの応募で店舗に行けなかったという事情があれば、１次面接では仕方がありませんが、２次面接に進んだ場合は、必ず足を運ぶよう促します。この質問に続けて、商品や店舗のサービスについてどのように感じているのか確認をしてください。訪問した店舗名を聞き、信憑性を確かめます。さらに感じたことだけでなく、改善すべき点について質問をしてみましょう。

　相手に不快感を与えず伝えたいことを説明できる能力は、販売職に求められるスキルです。改善内容が、商品の陳列、接客サービス等、販売職に関連する内容ではなく、商品や店舗の立地といった回答だけであれば、売れない原因を転嫁する販売職かもしれません。

💡見極めポイント

・自らの問題として改善点を語れるか。
・語るときの表情に好感が持てるか。
・自社の魅力を的確に捉えているか。
・行ったことがない場合どのようなリアクションをとるか。

第7章 「能力・適性」を見抜く質問

売上向上のために意識していることはありますか？（中途）

顧客との関わり方や商品知識を高めることなど、売上をアップするために実践してきたことをベースに回答できる応募者は、自社で成績を築ける応募者です。

自社の商材でも売上向上が期待できるか、回答から検討してみてください。

販売職は営業職と同様に販売成績を築けなければ、活躍できず定着しない可能性があります。売上を向上してきた人材であれば、この質問に対して、面接官を納得させる回答ができるはずです。

💡見極めポイント
・売上を向上が期待できる回答か。
・経験に基づき信憑性のある回答か。
・自社の商材を意識して回答しているか。

販売職としてマネジメント経験がありますか？（中途）

正社員雇用であれば、販売経験だけでなく、スタッフや売上管理といったマネジメント経験をチェックしてください。マネジメント経験があれば、具体的に携わったことを確認し、さらに売上を伸ばすために工夫したいことについて質問をします。優秀な販売員であれば、顧客との接し方やクロージングについて、経験に基づき信憑性のある回答をします。この

質問に続いて今後どのような販売員になりたいのか確認をしてみましょう。マネジメント経験がない応募者に対して、新人スタッフの指導経験について質問をします。新人スタッフの指導経験があれば、販売員としてやるべきことを理解しています。指導方法や成果についても質問してみましょう。

　店長候補であれば、商品知識や販売能力だけでなく、スタッフへの指導力やチームワークが重要です。この点についてこれまでの具体的な事例を交えて回答するよう促し、自社の店舗をどのようにマネジメントしたいのか質問をします。

💡見極めポイント
・回答からリーダーシップを感じるか。
・応募者が描いている方向性と合致するか。
・売上を伸ばす手法を持っているか。
・チームワークについて理解しているか。

第7章 「能力・適性」を見抜く質問

④ 技術職　職務能力を見抜く質問

求めているスキル、適性、プレゼンテーション能力があり、自社のビジョンや社風と合致するかを見抜きます。

学んできた技術をどのように生かせますか？（新卒）

新卒採用では、学校で学んだ知識や技術をどのように生かせるのか確認をします。理系であれば、応募職種と学んだことの関連性をアピールできるはずですが、曖昧な回答であれば、職務内容を理解していない、もしくは学んできた知識や技術に問題がある可能性があります。技術系の職種では、例えばプログラムの開発経験がある応募者とそうでない応募者では、戦力になるために要する時間は大幅に違ってきます。学校で学んできたことを否定せず、生かせる部分を積極的に見つけてください。また今後身につけたいスキルも確認してください。

採用したい人材であれば、学んだ知識や技術を生かし、自社で活躍できる姿を具体的にイメージさせます。応募者の回答を聞き逃さず、学んできたことに共感し、生かせる技術を指摘したうえで入社後の職務内容だけでなくキャリアパスを説明してください。

💡見極めポイント

・必要としている知識や技術力があるか。
・自社への入社意欲が高いか。
・学生時代に学んできたことを評価できるか。

・技術に対しての執着心が強いか。

転職活動状況について教えていただけますか？（中途）

　優秀な技術者は自社だけでなく、他社も求めています。この質問から他社への応募状況を確認するだけでなく、複数の企業へ応募している場合は、自社の位置づけを確認してください。「御社が第一志望です」という回答であれば、なぜ自社の技術者に就きたいのか質問をしてください。明確な回答であれば、第一志望であることに信憑性がありますが、技術力が高い、将来性があるといった曖昧な回答では、他社を含めて検討している段階かもしれません。優秀な技術者であれば、面接官が自社の技術力やこれまでの経験が生かせることを伝えて、さらに可能であればポジションや待遇面についても説明します。優秀な応募者を採用するためには、面接官に交渉力が求められます。応募者が活躍でき必要である人材であることを、誠意を持って説明するのです。技術者の面接では、専門的な知識が必要なことも多いので、配属予定部署の社員を同席させて面接に臨むべきでしょう。

💡見極めポイント
・自社が第一志望と確信できるか。
・自社の強みや魅力を理解しているか。
・労働条件、待遇面で問題がないか。
・在職中の場合転職したい気持が固まっているか。

第7章 「能力・適性」を見抜く質問

5年後技術者としてどのようになりたいですか?

　この質問から技術者としてのビジョンを確認します。目指す技術者と自社の方向性が違っていれば、入社後ミスマッチを起こす可能性があります。特にSES企業で契約先企業に常駐して技術者として仕事をする場合、採用段階で業務内容を説明をしておく必要があります。5年後はシステムインテグレーターとして活躍したいという回答であっても、自社でシステムインテグレーション業務がなければ、十分な説明をして納得させる必要があります。

　中途採用では、プロジェクトリーダーやマネジメント系を目指す技術者もいますが、応募者の資質が伴わなければ、必要のない人材になるかもしれません。自社における人事戦略を含めて検討し、採否を決める必要があります。

　正社員雇用であれば、目先の仕事だけで採用するわけにはいきません。本人の考えているキャリアビジョンを実現できるか検討することが大切です。

💡見極めポイント

・自社で達成できるキャリアビジョンか。
・憧れだけで能力が伴わないことはないか。
・マネジメント能力を発揮できるか。
・グローバルな視点で捉えているか。

関わった主なプロジェクトと役割についてお話ください。

　これまで関わってきたプロジェクトについて、職務経歴書に書かれていても、改めて質問をおこない回答に対して、深掘り質問をおこないます。主なプロジェクトの回答から、自社で必要とする業務と関連性があるプロジェクトかを見極めるだけでなく、プロジェクト内の役割について確認します。さらに具体的に役割をどう担っていたのかについても質問をしてください。

　ITエンジニアであれば、この質問からプログラミングスキル、使用言語、ハードウェアやソフトウェア、ITインフラなどの知識、プロジェクトの成果などについて深掘り質問をおこない、メンバーやリーダーとしての役割をどのように担ったかまで確認することで、技術者としの能力を見極めることができます。

　職務経歴書に記載されている内容について、自分の言葉として回答できるか見極めてください。

💡見極めポイント
・自社と関連性のあるプロジェクトか。
・技術者としての能力をイメージできるか。
・役割を具体的に回答しているか。

第7章 「能力・適性」を見抜く質問

リーダーとしての経験がありますか？（中途）

中途採用の応募者に対して、これまで携わってきた案件の役割について確認が必要です。経験期間が長いにも関わらず、常にメンバーとしての仕事のみ経験している場合は、リーダーシップや技術的な能力で問題があるのかもしれません。回答で「経験はありません」と答えるだけでは、リーダーとしての役割は難しく、自社への入社意欲も低い可能性があります。意欲を示す応募者であれば、リーダー経験がなくてもリーダーを補佐する役割を経験しており、今後リーダーとして戦力になりたいという回答をします。リーダー経験がなければ最も裁量を与えられた仕事について確認をします。技術者はチームで仕事をすることも多いので、正社員雇用であれば、指導力やマネジメント能力についてチェックが必要です。この質問から求めている人材を読み取り、少しでも近付こうとする回答であれば、入社意欲を評価すべきです。経験があると回答する応募者に対しては、リーダーとして心がけてきたことを確認し、回答の信憑性をチェックしてください。

💡見極めポイント

・信憑性のある回答で具体的な経験を語れるか。
・経験がなくても補佐的な経験がないか。
・回答からリーダーとしての資質を伺えるか。
・自社で生かせるリーダー経験か。

⑤ 製造職　職務能力を見抜く質問

　自社の企業研究をおこなっており、物づくりへの興味や関心があるか、効率的に作業をおこなうスキルがあるかを見抜きます。

なぜ製造職に就きたいと考えましたか？（新卒）

　新卒採用では、この質問の回答から、これまで学んできたことや経験との関連性があれば、製造職への思いがあり評価できる人材です。関連性がない場合は、モノ作りになぜ興味を持ったのか、なぜ製造職に就きたいのかという点について、見極める必要があります。

　コミュニケーションが苦手、安定した仕事に就きたいという理由だけで、製造職を希望する応募者がいますが、中途半端な気持では製造技術を身につけることができず、他の職種が良く見えて続かない可能性が高いでしょう。シンプルな回答でも、表情が真剣で思いが伝われば、むしろ見込みのある応募者です。話し方がうまくなくても、本心で語っている応募者は、言葉に重みがあり、製造職に就きたい気持を熱く語ります。

💡見極めポイント

・理由に信憑性があり納得できるか。
・語るときの口調や語調から強い意志を感じ取れるか。
・営業や事務が苦手だからと逃避していないか。
・学業を生かすことができるか。

第7章 「能力・適性」を見抜く質問

日本の製造職は今後どのようになると思いますか？

　製造職経験者であれば、将来像について語ることができるはずです。プラス面だけでなくマイナス面を含めて現状を的確に捉えているか、さらにマイナス面の克服方法について見極めてください。製造職経験者としてのモノ作りの思いや今後のビジョンを回答から読み取ります。

　海外に製造がシフトしていくことを悲観的に捉えるのではなく、日本の製造技術力を高めることで、グローバルな戦いにも勝つことができる等、広い視野で前向きに製造業を考えられる人材であれば、問題改善能力があり苦難も乗り越えていける人材です。製造職がより伸びていくためにやらなければいけないことを、合わせて質問してみてください。

　この回答が、自社の製造業としての在り方を意識したものであれば、応募者の入社意欲が高く、やるべきことを理解しているでしょう。中途採用ではこれまで培ってきた製造技術を自社のために生かしていく熱意や意欲を、回答から見極めてください。

💡見極めポイント
・現状を理解し信憑性のある回答か。
・困難を乗り越えていく意志があるか。
・悲観的ではなく前向きに捉えているか。
・自社でやるべきことを意識した回答か。

❻ 管理職の能力を見抜く質問

　管理職経験と実績、専門知識とスキル、リーダーシップ力、自社のミッションやビジョンに共感しているかを見抜きます。

管理職としての強みと部下の人数を教えてください。（中途）

　管理職採用では、自社の状況を把握したうえで、既存社員に信頼されマネジメント能力を発揮できる人材でなければ定着しません。待遇面に魅かれて応募する求職者もいますが、この質問から管理職としての能力を見極めてください。強みについて「部下と信頼関係を作る」「部門を纏められる」といった漠然とした回答だけであれば、そのために具体的におこなってきたことについて質問をします。実力のある管理職であれば、曖昧な回答ではなく、実績や成果まで強みを裏付ける経験として回答するはずです。

　一人の部下でも管理職経験者として応募しますので、部下の人数についても確認すべきです。実力があっても既存社員から信頼されなければ、部門は纏まりません。回答から管理職としての人間性や仕事の進め方について見極めてください。

💡見極めポイント
・具体的な実績に基づく強みか。
・部下の人数が少なかったことで問題がないか。
・既存社員と信頼関係を構築できるか。
・管理職としてやるべきことを理解しているか。

第7章 「能力・適性」を見抜く質問

管理職として失敗経験があれば聞かせてください。(中途)

　過去の実績だけで入社する管理職は、採用しても戦力にならない可能性があります。採用時に実績や成果をアピールするものの、謙虚さがない応募者であれば管理職としての能力に疑問があります。この質問で「失敗経験などない」と高飛車な態度で回答する応募者は、採用すべきではありません。謙虚な姿勢で失敗経験を回答し、その経験を今後に生かしていきたいという姿勢であれば、管理職として期待できます。

　管理職だからこそ謙虚さがあり、相手の気持をくみ取れる能力が求められます。失敗を失敗と認めない、あるいは部下の責任にするような応募者では、能力を発揮するどころか既存社員が退職してしまうかもしれません。管理職採用は、既存社員に大きな影響を与えますので、前職の役職や企業名だけで採用せず、管理能力と新たな気持でチャレンジしていく姿勢を見極めてください。

💡見極めポイント
・失敗を認めない姿勢を感じないか。
・部下との関係で問題を引き起こさないか。
・謙虚さと経験を糧にする貪欲さがあるか。
・自社で仲間として成長したい意欲を感じるか。

7 想定外の内容で本質を見抜く質問

　応募者が想定している質問ではなく、予測していない想定外の質問をおこなうことで、応募者の言葉や本心を聞き出すことができます。回答内容からさらに突っ込んだ質問をこない、応募者の仕事への意欲や方向性を確認してください。

仕事内容と待遇面ではどちらを優先しますか？

　多くの応募者は、仕事内容と回答しますが、仕事内容を優先する応募者は、やりたいことしかやらない可能性があります。仕事内容で企業貢献し待遇面もアップできればいいといった積極的な姿勢が評価できます。

上司と意見が合わない場合、どうしますか？

　上司の意見に従うという回答だけでは、心許ない回答です。最終的には従う必要がありますが、なぜ意見が合わないのかじっくり聞く姿勢や、上司に自分の意見を述べる積極性が求められます。

あなたの仕事上の弱点は何ですか？（中途）

　自己分析できている応募者であれば、弱点と共にどのように克服しているかまで回答できます。弱点は特にないと回答するようでは、自信過剰か自分本意で仕事をしている可能性があります。周囲が迷惑だと思っていても気が付きませんから、採用しても既存社員とトラブルを起こすかもしれません。

当社に入社できなかったらどうしますか？

　他の企業を考えるしかないのが一般的な回答ですが、同業界や同職種を目指すという意志があれば、自社への入社意欲

第7章 「能力・適性」を見抜く質問

も高いといえます。今は考えたくない、何も考えられないという回答は、入社意欲が高いとも受け取れますが、未然に対策を講じることができない応募者かもしれません。

別の職種も適していると思いますがどう思いますか？（中途）

募集職種ではなく別の職種を打診したとき応募者の回答や表情をチェックします。不満そうな表情や難しいという応募者であれば、将来異動は難しいかもしれません。やりたいことだけを考えている応募者は、入社後トラブルを起こす可能性があります。「適性があり貢献できるならば・・・」と前向きな回答が臨まれます。

当社に知り合いの方がいますか？

知り合いがいる場合は、知り合いがどのように言っているのか確認します。必要であれば知り合いに本人の性格や能力について問い合わせます。知り合いについての回答から、応募者の依存性を見極められます。

💡 想定外の質問の見極めポイント

・予測していない質問でも冷静に対応できるか。
・自社への入社意欲が本物か。
・質問の意図を理解し的確な回答をしているか。

8 コミュニケーション能力を見抜く質問

　コミュニケーション能力を見極めるためには、言葉のやりとり、すなわちキャッチボールができる応募者かどうかを見極めてください。質問や言葉を投げかけてもワンセンテンスで会話が続かないようでは、コミュニケーション能力が低いと言えます。一方応募者の回答が長々と続き、自己主張が強い応募者は、場の空気を読めない可能性があり、コミュニケーション能力を疑ってみる必要があります。

今日は、あいにくの雨ですね。

　面接開始時に天気について話題を投げかけてみてください。「そうですね」と一言で終わらせる応募者であれば、コミュニケーション能力に疑問があります。「最近雨が少なかったので、恵みの雨ですね」など、投げかけた言葉に対して言葉を返してくるかどうか見極めてみましょう。

余談ですが、休日はどのように過ごされますか？

　プライベートな質問に対して個人情報の問題もあるので、慎重におこなうべきですが、応募者と信頼関係が構築できていれば、ぜひ聞いてみてください。休日は寝ているといった友人や知人と交流関係がない回答であれば、コミュニケーション能力について疑ってみる必要があります。食事の話題からお勧めのレストラ等を質問し、話題を広げることもできます。

第7章 「能力・適性」を見抜く質問

苦手なタイプの人とどのように付き合いますか？

企業は様々な年代やタイプの社員がいますので、苦手なタイプの人とも関わりを持てなければ、仕事はうまくいきません。苦手なタイプなどいないと決めつける応募者は、苦手なタイプとは付き合わない応募者かもしれません。

部下とのコミュニケーションで意識していることはありますか？（中途）

部下とのコミュニケーションを意識していない管理職候補では、既存社員と信頼関係を構築できません。これまでどのようにして部下と接してきたかを確認することで、応募者のコミュニケーション能力を見極めることができます。回答から成果についても質問してください。

社外の人々と交流がありますか？（中途）

友人、知人だけでなく社外の勉強会や交流会に参加している応募者であれば、コミュニケーション能力が期待できます。自ら積極的に交流を求めていく姿勢は評価できますが、どのようなコミュニティなのかさらに質問をしてください。自社の業務と関連性のないビジネス上のコミュニティであれば、応募者の方向性について確認する必要があります。

💡コミュニケーション能力見極めポイント

・言葉を切り返し、会話が続くか。
・回答時の表情、語調に好感が持てるか。
・良好な関係を築く資質があるか。
・傾聴力があるか。

⑨ 組織適応力を見抜く質問

　優秀な人材でも組織適応力に問題があれば、能力を発揮できません。応募者の組織適応力を見抜くためにコミュニケーション能力の質問をさらに掘り下げて質問をおこないます。組織適応力は、前職の退職理由で、前職の企業や社員の批判をおこなう応募者は、自社でも同様の問題が起きる可能性があります。

人間関係で困ったことがありますか？

　この質問で「ありません」という回答を鵜呑みにしてはいけません。誰でも少なからず困るケースはあるはずです。組織においても良好な人間関係が築けるか見極めてください。

仕事をおこなううえで嫌いなタイプはいますか？

　嫌いなタイプを語るときの表情をチェックしてください。感情的に回答するようでは、嫌いなタイプとは仕事ができず、組織に適応できないかもしれません。嫌いなタイプとどのように仕事をするのか確認をしてください。

初対面の人とどのように接しますか？

　良好な関係を築くことを意識しているか見極める質問です。相手の話を聴く、笑顔で接する等、応募者が日常意識していれば、的確な回答ができますが、人間関係に希薄であれば、特に意識していないため曖昧な回答しかできません。

チームで仕事をしたことがありますか？（中途）

　個人でおこなう仕事が多く、チームやプロジェクトのメンバーとしての経験がない応募者は、組織にうまく溶け込めな

第7章 「能力・適性」を見抜く質問

い可能性があります。経験がない場合は、チームでおこなう仕事についての捉え方について質問をおこない、メンバーとして溶け込んでいく意志を確認しましょう。

組織が活性化するうえで大切なことは何ですか？（中途）

組織力について考えている応募者であれば、組織の一員としての役割ややるべきことを自覚できますが、回答が曖昧であれば、組織の一員としての意識があまりない可能性があります。自分さえよければいいという考えの応募者であれば、周囲から評価されず浮いた存在になります。

年齢の若い社員が上司になったらどうしますか？（中途）

中高年の応募者に対して、上司が若い可能性があるならば、必ず質問すべきです。問題ないと多くの応募者は回答しますが、これまでの経験や応募者の表情から、本心を見極めてください。若い上司が多かったという回答から、応募者の職務能力に疑問を持つことも必要です。既存社員に受け入れられるかどうかを見極めてください。

💡組織適応力見極めポイント

・積極的に溶け込む姿勢を感じるか。
・人間関係で好き嫌いが激しくないか。
・中途採用でも新入としての自覚があるか。
・チームワークの重要性を認識しているか。

⑩ 責任感を見抜く質問

責任感は、学生であればサークル活動やアルバイト経験から見極めることができます。中途採用では、これまでの職務経験や退職理由から確認をします。責任感がない応募者は、常に相手が悪い、会社が悪いと自分の非を認めようとしません。プロフェッショナルとしての自覚を持って仕事をしていれば、言い訳をせず責任感を持って仕事に取り組みます。

サークル活動でうまくいかなかったことがありますか？（新卒）

うまくいかなかった原因を冷静に分析し、周囲が悪いと責任を押し付けず、自ら反省すべき点は反省しているかチェックしてください。また原因をきちんと分析し今後の糧にしている応募者であれば、有望な人材として評価できます。自分は悪くないという姿勢で回答する応募者は、入社後も言い訳を繰り返す可能性があります。

前職で失敗した経験をお聞かせいただけますか？（中途）

失敗経験がない応募者は、失敗に気付かない、あるいは自分の失敗として受け取らない可能性が高いといえます。失敗経験を正直に回答したうえで、その経験を仕事でどのように生かしているかまで回答できる応募者は、入社後も責任感を持って仕事をおこないます。

正社員と派遣社員の違いは何だと思いますか？（中途）

派遣社員だから責任感がないというわけではありませんが、派遣社員は与えられた仕事をきちんとおこなうことが大

切です。一方正社員は、企画を打ち立て責任感を持ちながら、進めていくことが必要です。正社員として責任感や問題改善意識を持って仕事をおこなえるかどうかを見極める必要があります。

仕事における責任感とは何だと思いますか？（中途）

仕事は費用対効果が求められており、お金は使うが責任は取らないという姿勢では、責任感のない社員であり組織では必要のない人材になります。危機意識、問題意識を常に持ちながら仕事を進めていける人材かどうかを見極めてください。

仕事がうまくいかないときどのように考えますか？（中途）

仕方がない、あるいは気持を切り替え頑張るという抽象的な回答だけでは、責任感のある応募者ではないかもしれません。原因を徹底的に分析し同じ失敗を二度と繰り返さないように対策を講じ、次は必ず成果をあげるといった回答が求められます。

💡責任感見極めポイント

・責任感を持って取り組んでいけるか。
・これまでの経験から責任感を感じるか。
・自社の職務を理解し取り組んでいけるか。
・最後までやり抜く強い意志があるか。

⓫ 論理的思考力を見抜く質問

筋道立てて推論や結論を導きだす「論理的思考力」(ロジカルシンキング)は、業種や職種を問わず相手を説得するためのコミュニケーション力として必要です。論理的思考力を見極める質問をおこなってみてください。

回答について「なぜそう考えるのか？」を繰り返して質問をする

回答について「なぜそう考えるのか？」と質問を繰り返すことで、信憑性があり納得できる回答かどうかを見極めることができます。

「なぜ？」に対して納得できる回答が得られれば、論理的思考力が高いと判断できます。

仮定の質問をおこなう

例えば、身近な商品などの売上を伸ばす方法や趣味の人口を増やすやり方など、仮定の質問をおこない改善策や方策について回答してもらいます。なぜそう考えるのかについて、説得力のある説明をおこなっているか見極めてください。なぜそうなのかと深追い質問をすることや、複数の回答をおこなうように求めることもできます。

第7章 「能力・適性」を見抜く質問

質問例
当社の○○の売上を3年間で2倍にするために行うべきことは何ですか?
○論理的にわかりやすく、納得できる説明をおこなう。
×わかりにくい説明であり、説得力がない。

○○の新規事業を立ち上げるうえで重要なことを2つあげて理由を説明してください。
○現実に即して的確な回答を論理的に説明する。
×漠然とした回答であり、信憑性がない。

結論から述べて納得できる回答か見極める

　結論から先に述べて、次に理由を説明する回答であれば、論理的思考力があると考えられます。「〜です。なぜなら〜」という回答をおこない、納得できる回答か見極めてください。

💡論理的思考力の見極めポイント

・わかりやすく順序立てて説明できるか。
・仮定の質問に対して説得力のある説明ができるか。
・質問の主旨を理解して、臨機応変に対応できるか。
・複数の考え方を、わかりやすくまとめることができるか。

⑫ ストレス耐性を見抜く質問

　応募者のストレス耐性が弱ければ、入社後期待する成果を上げられません。ストレス耐性が弱ければ、困難に直面するとすぐに逃げ出す可能性もあります。仕事は社内だけでなく社外の人間からストレスを受けることもあります。ストレス耐性を見抜くためには、圧迫面接をおこない応募者のマイナス面や気になる点を厳しく指摘し、応募者の回答や表情をチェックする方法もあります。

ストレス解消法はありますか？

　新卒、中途採用で共通して質問できます。この質問からストレスについてどのように捉えているか見極めてみましょう。ストレスを感じないと言いきってしまう応募者は、他の回答内容の信憑性についても疑ってみるべきです。ストレスを溜めない解消法を実行している応募者であれば、入社後もストレスとうまく向き合っていけます。

仕事がうまくいかないとき気分をどのように変えていますか？（中途）

　ストレスを解消する方法を知っている応募者であれば、ストレスを溜めずに気分を変えることができます。気分を変える方法だけでなく、仕事がうまくいかない根本的な原因についての対処方法についても確認してください。

アルバイトの話ばかりですが、勉強はしなかったのですか？（新卒）（圧迫面接）

　応募者のマイナス面についてダイレクトに指摘をしてみて

第7章 「能力・適性」を見抜く質問

ください。素直に認める応募者であれば見どころがありますが、言い訳ばかりするようでは、入社後も同様の対応をします。

転職回数が多いけど、またすぐに転職するのでは？（中途）（圧迫面接）

少し厳しい口調で質問をします。圧拍面接は、本来あまりお勧めできませんが、応募者が本音で回答しない状況では、厳しく質問をして回答だけでなく、表情をチェックしてください。不服そうな表情をするようでは、社内外の人間関係でトラブルを起こす可能性があります。

前職を退職してからブランク期間が長いけど、仕事ができるのですか？（中途）（圧迫面接）

仕事の勘を取り戻すのに時間がかかることが懸念されます。この質問から応募者が本気で仕事に取り組む意欲があるのか見極めてください。ブランク期間におこなってきたことが自社の業務に関連しない場合は、さらに質問してください。

💡ストレス耐性見極めポイント

・ストレスを溜めない方法を理解しているか。
・厳しい指摘に対して反発する表情を示さないか。
・反省を含めて謙虚に認め今後について語れるか。
・前向きに捉えているか。

⓭ 未経験の職種への意気込みを見抜く質問

　新卒採用であれば、実務経験がないため、全ての職種がアルバイト経験を除き未経験です。このため志望動機や自己PRの回答から職種への意気込みを判断します。中途採用では、前職が嫌だからという理由だけで、未経験の職種を希望するケースがありますので、本気で取り組む姿勢を見極めなければいけません。中途採用では短期間で戦力になることが求められますので、不足している知識やスキルは自己研鑽してでも覚える積極性がなければ通用しません。未経験の職種を希望する応募者に対して、本気度を確認してください。

自己研鑽していることがありますか？

　例えば語学力を必要とする仕事であれば、現在もスキルを高めるために勉強しているといった回答が必要です。この質問から、応募職種に就きたい意志とそのために努力している内容をチェックしてください。

なぜ未経験の職種を希望するのですか？（中途）

　未経験の職種に就きたいと思ったきっかけが曖昧であれば、これまでの仕事が嫌で逃げ出したいという気持かもしれません。中途採用では、未経験者であっても手取り足とり教えませんので、本気で取り組む気持がなければ、戦力にはならないでしょう。

年齢が若い社員に指導されますが大丈夫ですか？（中途）

　経験がないため、入社後既存社員の指導が必要になります

が、年齢が若い社員でも問題ないのか回答内容だけでなく、表情や態度をチェックしてください。本気で取り組む姿勢があれば、表情が真剣で、年齢など気にせず、短期間で戦力になりたい意欲を示します。

給与が前職より大幅に下がりますが大丈夫ですか？（中途）

通常、未経験の職種なので、給与が下がることは当然だと考えていますが、応募者のなかには、生活があるので前職と同額程度を希望するケースがあります。未経験の職種であることを自覚できていない応募者は、入社後も成長は望めません。

キャリアビジョンを聞かせてください。（中途）

中途採用で未経験の職種を希望する場合、職種によってはノウハウだけ習得して独立を考えている応募者もいます。未経験の職種を希望する理由だけでなく、今後のキャリアビジョンについても確認し、自社で確立できるものなのかを見極めます。

💡未経験の職種の見極めポイント

・憧れだけでなくやるべきことを自覚しているか。
・中途採用では前職が嫌だからという理由ではないか。
・未経験の職種に就くために自己研鑽をしているか。
・汎用できるスキルや経験があるか。

⑭ 聞きにくい質問

　面接でプライベートな内容について質問できませんが、女性の応募者が結婚をしてすぐに辞めることへの懸念や既婚者が配偶者や周囲の理解を得て応募しているのかといった点など確認したいことがあります。原則として結婚や出産についての質問はすべきではありませんが、面接で信頼関係を築けば、質問の切口を変えて確認することは可能です。但し面接では下記の内容について、質問をしてはいけないことになっています。こういった質問をすれば、企業体質に疑問を持たれます。仕事に関係のない質問と受け取られないように十分な配慮が必要です。

質問してはいけないこと
[家庭環境や本人に関係ないこと]
　本籍や家族の職業、学歴、収入、宗教など、採否の評価に関連しない内容は質問できません。
[宗教や思想に関すること]
　宗教、支持政党、尊敬する人物、思想などに関することは、質問できません。
[ジェンダーロールを前提とした質問]
　性別によって役割固定する考え方（ジェンダーロール）に関連する、結婚や出産、出産後の仕事などについてなどの質問はできません。

第7章 「能力・適性」を見抜く質問

【すぐに結婚して辞める懸念】
今後仕事についてどのように考えていますか？（中途）

応募者は間接的に結婚や出産について質問されていると感じますが、ダイレクトに質問をしないため不快にならずに回答します。「結婚後も仕事を続けたい」という回答時の表情にも注意を払い、本心かどうかを見極めてください。

【業務に支障を与える病気や怪我の懸念】
業務に支障を与える病気や怪我はないですか？

持病がある応募者は採否に影響すると考えて、伝えないことがありますが、確認せずに採用をして業務に支障を与えれば、確認がなかったと弁明します。聞きにくい場合は、別途確認シートで、適材適所の配属のためであり、病気や怪我が採否に影響しないことを伝えて、任意で記載してもらう方法もあります。

【子育ての懸念】
お子さんが病気になったらどうしますか？（中途）

仕事によっては夫や周囲の協力がなければ、採用が難しい場合もあります。子供が病気になったときの対応についてきちんと回答できれば、仕事への意欲も高いといえますが、回答に一瞬でも躊躇するようでは、周囲の協力を得られない可能性があります。

仕事と生活の両立は大丈夫ですか？（中途）

「大丈夫です」と簡潔に回答する応募者は、具体的に考え

ていない可能性があります。本気で考えている応募者は、配偶者や周囲の協力についてまで回答します。簡潔な回答の場合は、「配偶者の方は何とおっしゃっていますか？」と質問をして、回答だけでなく表情を読み取ってください。

【出張についての懸念】
宿泊を伴う出張がありますが大丈夫ですか？（中途）

　家庭の問題があり難しいと思われる場合は、事前にきちんと確認をしてください。確認せず入社後難しい場合、面接時に聞いていないと問題になる可能性があります。

聞きにくい質問のポイント
・応募者が不快になるプライベートな質問はしない。
・信頼関係を構築し仕事と関連させて質問する。
・労働条件の懸念は面接時に確認する。
・質問してはいけないことを認識する。

第7章 「能力・適性」を見抜く質問

⑮ 応募者からの質問で見抜く

　面接の後半で応募者から質問を受ける際、質問内容から応募者の本質を見抜くことができます。質問内容がすでに説明した内容であれば、理解力を疑ってみるべきです。また待遇面や労働条件の質問に固執している場合は、条件面で納得できなければ定着しない応募者です。意欲のある応募者は、仕事内容ややるべきことについての質問をします。

【複数の質問をする応募者】

　応募者が面接官に質問攻めにするような状況は、面接という状況を理解できていない応募者です。多くの質問をして熱意を示そうとする応募者がいます。一方自分に合う会社を見つける意識が強く、質問を繰り返す応募者もいます。このような応募者は、自分のことだけを考え企業貢献についてあまり考えていません。

【待遇面・労働条件に固執した質問をする応募者】

　実力のある応募者であれば、条件面ではなくやるべきことについて質問をします。給与や休みにこだわるようでは、条件の良い企業があれば転職する可能性が高いといえます。給与にこだわる場合、職務能力に自信がないため、昇給、昇格を期待していないのです。いずれにしても応募者が気になる部分ですので、きちんと説明をする必要があります。

【研修制度の質問をする応募者】

　新卒採用では実務経験がないので、不安を払拭するうえでも質問は止むを得ませんが、中途採用で研修制度の質問に固執する場合、受身の応募者であり短期間では戦力にはならないでしょう。スキルを高めていく姿勢は大切ですが、目的が自分のキャリアアップのためであれば、採用について慎重に検討すべきです。

【会社の業績について質問する応募者】

　業績は応募者自ら調べることができるので、企業研究をしていない、もしくは安定志向であり企業選択に慎重な応募者かもしれません。新卒採用ですでに会社説明会で説明したにも関わらず質問するようでは、理解力について疑ってみてください。業績はこれまでの積み重ねであり、さらに伸びるよう頑張りたいという姿勢の応募者を採用すべきです。

【異動・転勤について質問する応募者】

　異動や転勤について質問する応募者は、異動や転勤をしたくない応募者かもしれません。質問ではこだわらないと言っていても、本心は企業の実情を知りたいのです。異動や転勤の可能性がある場合は、きちんと実情を説明すべきです。

💡応募者からの質問の見極めポイント

・条件面でこだわっていないか。
・不信感を抱いて質問していないか。
・自社で貢献することを第一に考えているか。
・企業研究をおこなっているか。

第7章 「能力・適性」を見抜く質問

コラム⑥ 社員を巻き込む

　専門性の高い職種の面接だけでなく、配属部署が決まっている面接であれば、面接で社員を同席させてください。会社説明会も同様に、人事だけでなく一般社員を巻き込み採用業務に参加させることで人の大切さを認識します。依頼をしても忙しいと断る部署であれば、配属部署の上長の考えを改めるべきです。人がいなければ会社は成立しません。経営者が先頭に立って採用をおこなっている企業は、社員を大切にする社風があり、配属後も親身に育てようとします。

　求職者の多くが、既存社員とうまくやれるか、社風が自分に合うかと悩んでいます。会社全体が新入社員を歓迎している雰囲気を出すためには、採用段階から既存社員が加わり、仲間として受け入れたい姿勢を示すべきです。応募者全てが、第一志望というわけではありません。優秀な人材は、企業を見極めていることを忘れてはいけないと思います。

第8章

内定辞退を防ぐ方法

1 内定後の応募者の心理

　内定を出しても辞退されれば、時間と経費が無駄になります。入社する意志がない内定者は切り捨てると割り切って考える採用担当者がいますが、良い人材を採用するためには、内定者の心理を考えたうえで内定後のフォローをおこなうことが大切です。内定をもらうまでは、応募者は内定を取ることが目的で必死に頑張りますが、内定をもらうと本当にこの企業でいいのかと迷います。在職中であれば退職の申し出をおこなう必要があり、引き留められることもあります。

　新卒採用では、入社までの期間があるため内定をもらっても他社へ応募することは珍しくありません。中途採用では、原則として遅くても数カ月で入社しますので、入社すべきかすぐに決断を迫られます。

　採用段階では親身に対応してくれた採用担当者が、内定後忙しいこともあり、連絡が取りにくい、あるいは連絡が取れても冷たいと感じている内定者がいます。内定を通知すれば、

第8章 内定辞退を防ぐ方法

入社するものだという考えでは、内定辞退は防げません。内定者にとって相談できる相手は採用担当者しかいません。**内定をもらったとたんに採用担当者が冷たくなったと感じれば、内定を辞退するきっかけとなり、入社を思いとどまります**。在職中であれば、退職を思いとどまり離職者はもっと自分に合う会社があると考え、転職活動を継続するのです。

文書や電話で内定の連絡をするだけでなく、できれば内定後のオファー面談をおこない労働条件通知書や雇用契約書の確認をおこなってください。労働条件通知書は書面で通知することが法律で義務付けられています。

オファー面談では、仕事内容、労働条件、待遇面の確認や入社日の調整の他、内定者の疑問や不安を解消するためにおこないます。

内定から入社までの期間で内定者の気持は大きく揺れますので、親身なフォローが必要です。入社する意志がない内定者にフォローなど必要ないと考えている採用担当者は、内定までにかかった経費と時間について考えてみてください。

内定者は、自分の選択が間違っていないか悩んでいます。内定者が入社の決断をするために、採用担当者の後押しが必要なこともあります。採用担当者の仕事は、採用した人材が企業の戦力になり貢献するときまで続くのです。

内定者の気持を汲み取り対応できる採用担当者になってください。

内定後の応募者の心理

・自分の選択が正しいのか迷う。
・労働条件、待遇面、受入体制で不安を感じる。
・現職を円満に退職できるか不安を感じる。
・もっと自分に合う企業があると迷う。
・採用担当者の態度から不安を感じる。
・新しい環境に馴染めるか悩む。
・能力を発揮できるか悩む。
・良好な人間関係を構築できるか悩む。

第8章　内定辞退を防ぐ方法

❷ 採用段階の偽りをチェックする

　内定辞退を防ぐためには、事務的な手続きをおこないながら、提出書類から採用段階で偽りがないかチェックしてください。内定の意志を確認するための内定承諾書は、新卒採用では実施されているものの、中途採用では入社までの期間が短いこともあり、実施していない企業もあります。

　内定承諾書の提出期限を決めることで、入社の意志を確認できます。内定承諾書の提出期限を1週間以内とすれば、内定辞退について早く察知でき保留にしていた応募者を繰り上げして内定を出すことも可能です。

　内定承諾書の文面に、提出書類に偽りがあった場合は、採用取り消し、もしくは解雇も有りうることを記載することで、故意に偽りの書類を提出した応募者を振るいにかけることができます。採用段階で経歴を偽る応募者は、採用しても良い人材にはなりません。入社前にチェックすることが大切です。

　身元保証書を提出できない内定者がいますが、提出できない理由を確認してください。本人の素行に問題があり身元保証書を提出できない場合は、採用段階でチェックできていない過去があるかもしれませんので、採用担当者が本人と面談をしてください。特に本人に問題がない場合でも、身元保証書の保証人になることを拒むケースがありますので、この場合は会社としてどのような対応を取るか事前にきめておくべきです。またSNSの投稿などで問題を起こしていないか確認をしてください。

前職の源泉徴収票を提出してもらい、採用段階の回答と相違がないかチェックしてください。休職中であった場合、本人が回答した年収より少ないことがあります。採用段階で休職中であることを告げなかっただけで解雇対象にはなりませんが、本人と面談をして、いきさつを確認すべきです。チェック体制が甘いと新入社員が受け取れば、仕事もいい加減になり大きな問題を引き起こす原因にもなりかねません。

　中途採用では、通常卒業証明書をもらわない企業が多いのですが、履歴書に記載されている内容が必ずしも正しいとは限りません。入社時に卒業証明書を提出させることで、学歴についてもチェックできます。採用担当者は、せっかく採用した人材を内定取り消しにしたくないと考えるかもしれませんが、**虚偽の報告をして入社する社員は、会社の管理体制が甘いと考え、入社後も同様の問題が発生する可能性があります**。虚偽の報告をする内定者であれば、内定取り消しを含めて慎重に検討すべきです。

採用段階の偽りをチェック
・内定承諾書に虚偽の報告について文面を添える。
・身元保証書を提出させる。
・源泉徴収票をチェックする。
・中途採用も卒業証明書を提出させる。
・SNSの投稿をチェックする。

第8章 内定辞退を防ぐ方法

③ 新卒採用の内定者フォロー

　新卒採用では、入社時期まで期間がありますので、内定者フォローが重要になります。内定式、内定者研修を通じて、少しずつ社会人モードになるよう促していくとともに、内定者同士の連係を強めることが大切です。

　入社前の内定者研修は、あくまでも学生ですので厳しい内容ではなく自社の理解を深めるための内容と共に、教育ゲームなどを盛り込み、内定者の懇親を深めることを考慮してください。

　内定者研修を頻繁におこなうと、学校との関係で参加できない学生がでてきますので、3カ月に一度位が適当でしょう。数時間の研修とともに研修後、懇親会をおこない親睦を深めるようにしてください。懇親会では、先輩社員と交流させることで内定者の不安を解消することもできます。

　研修以外に1カ月に1回程度、内定者から近況報告書をメールなどで提出させます。報告書の文章から、内定者の状況を把握し、フォローが必要であれば速やかに連絡をします。

　内定者の状況は、報告書の内容だけでなく文字量でも判断できます。極端に文字量が少なくなった場合は、他社と比較していることも考えられます。内定辞退の連絡が入る前に本人に連絡を取り、不安があれば解消するようにしてください。

　企業の懇親会や方針発表会などがおこなわれる場合は、可能であれば内定者も参加を促し、既存社員に紹介することで、企業の一員としての自覚が芽生えます。まだ社員ではありま

せんので、無理をさせない範囲で出席させるといいでしょう。

SNSを活用し、内定者と採用担当者のネットワークを構築する方法もあります。SNSを通じて内定者の不安を解消できますし、内定者同士の連係も強くなります。内定者だけのネットワークでは、状況を把握できないことがありますので、採用担当者も加わり企業の状況などを報告してください。

内定辞退を防ぐためには、内定者だけでなく採用担当者も加わり、同じ企業の仲間だという意識を持たせることです。内定者と企業のつながりを保つことで、内定者は少しずつ社会人モードになり入社するのです。

内定者から辞退したい申し出があったとき、決断後に覆しても再び気持がぐらつくことが多いので、必要以上に引き止めるべきではないでしょう。内定辞退の申し出のある前に動きを察知し、フォローすることが大切です。

新卒採用の内定者フォロー
・内定者研修を通じて内定者の連係を強める。
・報告書を提出させて状況を把握する。
・SNSを活用し連携を強化する。
・内定辞退は無理に引き留めない。

第8章 内定辞退を防ぐ方法

④ 中途採用の内定者フォロー

中途採用では、通常入社まで短い期間ですが、内定者フォローを怠ると入社日直前に内定辞退にもなりかねません。内定を出せば入社するという考えを改め、内定者の不安を払拭するためにも、労働条件のすり合わせや従事する業務の確認、内定者の疑問や不安を解消するためのオファー面談をおこなうなど、充実したフォローをしてください。

内定後本当にこの会社でいいのかと悩む内定者がいますが、フォローが悪ければ、自分に合わない企業だと内定辞退を正当化する理由を与えることになります。

入社までの期間が短いことを理由に、書類や電話だけのやりとりで済ませてしまう企業も多いのですが、できれば入社前に来社してもらい、配属予定部署の社員と話をさせてください。内定者は、**既存社員と上手くやれるか悩むことが多いのですが、既存社員と会うことで仕事を具体的にイメージでき、やるべきことを理解し入社の心構えができます。**既存社員が歓迎している雰囲気を感じることで、内定者は不安を払拭でき入社を決意します。在職中のため入社まで数カ月かかる場合は、月に一度でも構いませんので、連絡を取り状況を確認してください。優秀な人材は、退職を申し出ると間違いなく引き止められて、気持がぐらつきます。内定企業から連絡がなく放置されていれば、あえてリスクを冒さず現職に留まることを決断するかもしれません。

採用段階で希望給与の確認をし初任給を提示したにも関わ

らず、内定後給与を上げて欲しいと交渉してくる内定者がいますが、原則として提示した給与を変更すべきではありません。昇給するためにやるべきことを提示したうえで、入社後頑張るよう促してください。それでも納得しない場合は、既存社員とのバランスがありますので、内定を辞退されても止むを得ないでしょう。

新卒採用と違い、中途採用では入社時期もバラバラですが、備品や名刺など入社時に間に合うようにすると、入社を期待されていると感じモチベーションが上がります。

多くの企業のなかから入社を決断したことに感謝の気持を持って、内定者と接してください。内定者にとって頼れるのは採用担当者だけなのです。内定後のフォローを事務担当者任せにせず、常に関心を持って対応することが大切です。

採用した人材が自社で活躍できるようにフォローしていくことも大切な採用業務なのです。

中途採用の内定者フォロー

・内定後も採用担当者がフォローする。
・オファー面談を実施する。
・必要に応じて来社してもらいフォローする。
・入社まで期間がある場合は連絡を密にとる。
・配属部署の社員と会わせる。

第8章　内定辞退を防ぐ方法

コラム⑦　内定辞退を考える

　内定者から辞退の連絡を受けることは、面接をおこなった者にとって悔しく、辛いものです。以前私も内定辞退の連絡が入ると、「何を考えているんだ！」「どうしようもない奴だ！」と悔しい気持になりましたが、入社しない内定者が悪いと決めつけて、入社を決断しなかった理由について深く考えようとしませんでした。内定者が悪いと決めつけていては、何も変わりません。内定者に対してフォローができていたか、面接時に奢った気持がなかったか、他社と比較して弱点はなかったか等、考えてみるべきでした。内定者も企業を選択できるわけですから、内定辞退は起こりうる問題ですが、辞退する内定者が悪いと決めつけていては内定辞退は減りません。内定辞退が多い場合は、内定者の立場になり、入社を決断できない理由について、考えてみる必要があります。

第9章
新入社員を戦力にする方法

① ブラザー・シスター制度を導入する

　社会人経験がない新卒新入社員が定着するためには、入社して1年間はきめ細やかな対応が必要です。配属すれば配属部署に任せるという考えではなく、新入社員の不安を解消し定着できる仕組み作りをおこなってください。

　新卒新入社員が定着するために、年齢の近い先輩社員がブラザー・シスターとして、新入社員の面倒を見る方法があります。年齢の近いブラザー・シスターは、入社時の悩みについて同じような経験をしていることが多く、新入社員の悩みを共有できるため、良きアドバイザーになることができます。

　ブラザー・シスターが新入社員の相談や指導をおこなうことで、新入社員は気兼ねなく相談ができます。上司と年齢が離れていると相談しにくいだけでなく、年齢が離れているため新入社員の気持を汲み取れない可能性があるのです。

　ブラザー・シスター制度を導入することで、先輩社員が後輩社員を指導しようとする意識が高まります。年代も近いの

第9章 新入社員を戦力にする方法

で自分のこととして親身に対応できます。

新入社員配属前に新入社員をフォローするブラザー・シスターを集めて、ブラザー・シスター制度の目的を説明してください。ブラザー・シスターが会社に批判的であれば、新入社員に悪影響を与えますので注意が必要です。新入社員が能力を発揮して頑張っていることを評価するだけでなく、先輩社員に対しても忘れずに労いの言葉をかけてください。

新卒新入社員で何か問題が生じた場合は、ブラザー・シスターだけで解決できない問題もありますから、上司に必ず報告するようにしてください。

中途採用では、ブラザー・シスターを付ける必要はありませんが、中途入社の社員も入社当初はわからないことばかりですので、配属部署で担当を決めてわからないことをいつでも聞ける体制を作るといいでしょう。

新入社員は、入社後3カ月間は慣れないことばかりで気を使います。特に中途採用の場合、前職と比較をして入社すべきでなかったと感じる新入社員もいます。経験者であっても新しい環境であれば、今までと違い戸惑います。ましてや既存社員とうまくいかなければ、自分に合わない会社だと決断することもあります。

優秀な社員を採用しても生かせなければ、採用そのものが無駄になります。新入社員の不安や不満をいち早く察知し対応できる仕組みを運用することで、定着率が上がり戦力になる人材として成長するのです。

ブラザー・シスター制度導入ポイント
・先輩社員に導入の目的を説明する。
・先輩社員がブラザー・シスターとして新卒新入社員の面倒を見る。
・新入社員に問題があれば上司に報告し対処する。
・ブラザー・シスターの評価もおこなう。
・中途採用も相談できる担当者を決める。

ブラザー・シスター制度のメリット
・新入社員の悩みや不安を解消できる。
・新入社員の早期離職を防止できる。
・新入社員の業務向上が期待できる。
・先輩社員のマネジメント力向上が期待できる。

ブラザー・シスター制度のデメリット
・先輩社員の指導力が影響する。
・先輩社員の負担が増す。
・信頼関係を構築できない可能性がある。
・離職率を高める可能性がある。

第9章　新入社員を戦力にする方法

❷ 人事あてに報告書を月1回提出させる

　採用した新入社員の配属後の状況を把握するために、新卒新入社員とブラザー・シスターからは毎月1回人事宛てに報告書を提出させるといいでしょう。配属してしまうと新入社員の状況は、現場の上司からの報告のみとなりますが、上司と新入社員の関係がうまくいっていない場合、使えない新入社員として上司が報告します。上司に問題があることもありますので、一方的な意見を鵜呑みにするのではなく、新入社員の状況を的確に捉えたうえで対応すべきです。上司の指示に従わない新入社員は、上司の対応に不満を持っているため反抗していることも考えられます。

　報告書では、現在おこなっている仕事、これから取り組みたい仕事、現在抱えている問題、改善事項などを書かせます。配属当初は、きちんと提出していた新入社員が、提出期日を守らない、記載内容が少ない等、変化がある場合は速やかに本人と面談をおこなう必要があります。

　新入社員が現在おこなっている仕事の進捗状況や抱えている悩みを人事が把握することで、配属部署の上司と相談をすることもできますし、会社全体の問題として対応することもできます。

　「何かあったらいつでも相談しなさい」と新入社員に上司や人事が言っても、新入社員はなかなか相談できないことを理解してください。新卒新入社員は、これまで実務経験がないだけに、隣の芝生が良く見える傾向があり、他社に就職し

た友人の話などから、就職を誤ったと考えてしまうのです。
報告書は、少なくても1年間は継続すべきです。人事は1年間の報告書から、新入社員の成長を把握することができます。人事が報告書に書かれていることに対処しなければ、新入社員は悩みを相談しても解決できないと判断します。記載内容で気になる点を必ずフォローすることで、自分のことを考えてくれていると受け止め、きちんと報告書に記載するのです。

　新卒採用は、現場に配属すれば来年の新卒採用で忙しくなりますが、新入社員のフォローを怠らないでください。

　誰でも新入社員の時期はあったはずです。長く会社にいると新入社員のときの気持を忘れがちになりますが、**新入社員の気持を理解し温かく育てようとする企業は、間違いなく成長していく企業なのです。**

配属後の報告書提出
・月に一度新卒新入社員とブラザー・シスターから人事宛てに報告書を提出する。
・報告書で問題がある場合は、迅速に対応する。
・新卒新入社員の仕事の進捗状況を把握する。
・きめ細やかな配慮が新卒新入社員を成長させる。

第9章 新入社員を戦力にする方法

❸ キャリアシートを活用する

新卒新入社員は実務面で経験がないため、何をやるべきかわからないことが多くあります。先輩や上司の仕事を見て覚えろと言っても、なかなか習得できず悩んでしまいます。新卒新入社員が実務面でやるべきことを把握するために、キャリアシートを活用するといいでしょう。

キャリアシートは、職務でやるべきことを具体的に記載します。具体的に書かれているため、新入社員は自分の進捗状況を把握できます。

職務により異なりますが、一定期間経過したら新入社員自ら、キャリアシートに記載されている職務について、できているのかチェックをしていきます。次に上司が新入社員の実務面についてキャリアシートでチェックします。

新入社員ができていると考えていても、上司はできていないと捉えていることもあります。またその逆もあります。新入社員と上司がキャリアシートをチェックした段階で、面談をおこない上司の評価について説明します。特に食い違っている点については、理由をきちんと説明します。

具体的な仕事内容をチェックするため上司も説明しやすく、新入社員も具体的な指摘のため納得できることが、キャリアシートのメリットです。**上司とじっくり面談をする機会を設けることで、新入社員は上司を信頼し良い関係が構築できます。**

その場ですぐ指摘すべきものもありますが、キャリアシー

トで上司が部下の仕事内容について指摘することで、スキルが高まるだけでなく、新入社員は上司がいつも自分の仕事を見ていてくれると考えるのです。

キャリアシートは人事考課と違い、より実務面に即した内容です。人事考課のフィードバック面接は、抽象的な内容が盛り込まれていることがあり、上司と部下の関係を壊してしまうリスクもありますが、キャリアシートは、新入社員がやるべき仕事のチェックですので、新入社員にとってスキルが高まっていくことを自覚できるため、モチベーションアップにもつながります。

中途採用でも経験が浅い応募者であれば、キャリアシートを実践することで、短期間で戦力になることができるでしょう。

キャリアシート導入メリット
・職務能力のレベルを把握できる。
・上司と新入社員の評価の違いを認識できる。
・具体的な上司の指摘で信頼関係を構築できる。
・新入社員は、スキルが高まっていくことを実感できる。

付　録

現状確認シート

1．はい　2．どちらともいえない　3．いいえ

企業経営

1. 商品、サービス等は、業界で確固たる地位を築いている。　1．　2．　3．
2. 経営方針が明確で社員が賛同している。　1．　2．　3．
3. 過去5年間に赤字を計上していない。　1．　2．　3．
4. 経常利益は毎年伸びている。　1．　2．　3．
5. 全社員を集めた慰労会、経営方針発表会を実施している。　1．　2．　3．

労働環境

6. 立地は、駅から徒歩10分以内である。　1．　2．　3．
7. PC環境は整っている。　1．　2．　3．
8. 化粧室は、男女別である。　1．　2．　3．
9. 平均年齢が35歳以下である。　1．　2．　3．
10. 新入社員の3年以内に辞める割合は、10%以下である。　1．　2．　3．
11. 就業規則・賃金規程・退職金規程を社員がいつでも閲覧できる。　1．　2．　3．
12. 指示、命令系統は確立されている。　1．　2．　3．

キャリアプラン

13. 人事考課は、被考課者にフィードバックしている。　1．　2．　3．
14. 25歳以下の社員が提案、実行できる業務が多い。　1．　2．　3．
15. キャリアパスが明確である。　1．　2．　3．
16. 新卒採用を継続的におこない採用人数に大きな変動がない。　1．　2．　3．
17. 30歳以下の役職者が全社員の20%以上いる。　1．　2．　3．

労働条件・待遇

18. 残業支給対象者に対して、手当てを全額支給している。　　1．　2．　3．
19. 残業は通常月20時間以内に収まっている。　　1．　2．　3．
20. 年収500万以上の社員が20％以上いる。　　1．　2．　3．
21. 過去3年間、労働基準監督署から是正を勧告されたことはない。　　1．　2．　3．
22. 育児休暇、介護休暇いずれかを利用している社員がいる。　　1．　2．　3．

　　　　　　　　　計　（　　）（　　）（　　）

付録

面接見極めポイント

	見極めポイント	チェック
第一印象	落ち着きがありきちんと挨拶できる。	
	視線がそわそわせず、面接官を見ている。	
	口角が上がり、好感が持てる。	
	服装・髪型等に清潔感がある。	
志望動機	当社が第一志望である。	
	適性、強みを把握したうえで志望している。	
	当社で貢献できること（したいこと）を述べている。	
	当社における具体的なキャリアプランを持っている。	
	会社説明会の内容を熟知している。(新卒)	
職務能力・適性	知識、適性を生かせる。（新卒）	
	前職の経験を生かして短期間で戦力になる。（中途）	
	未経験であっても前職の経験を生かせる。（中途）	
	経験・実績を盛り込み信憑性がある。	
	自社で実現できるキャリアプランがある。	
退職理由(中途)	ネガティブな理由であっても好機として捉えている。	

	当社でも同様の問題が起きる可能性は少ない。	
	転職回数は、問題にする回数ではない。	
	病気や怪我による退職の場合、現在は業務に支障がない。	
	会社都合による退職の場合、本人の責任は少ない。	
	退職理由と志望動機に関連性がある。	
	退職後のブランク期間について理解できる。	
パーソナリティ	話を聞く態度に好感が持てる。	
	会話の意図を汲み取り適切に対応できる。	
	既存社員との協調性に問題がない。	
	前向きに物事を捉え対処できる。	
	明るさがあり不安を感じさせない。	
	話の内容に信憑性があり信頼できる。	
	周囲に気配りができ、場の空気が読める。	
	自信を喪失していない。	
	金銭的な問題はない。	
	喜怒哀楽が激しくなく、精神面が落ち着いている。	
	健康状態・家庭環境に問題がない。	

付録

　　　　　　　　　　　　　　　　　　　　　年　　月　　日

面接チェックシート（新卒採用）

　　　　　　　　　　　応募者氏名＿＿＿＿＿＿＿＿＿＿＿＿

　　　　　　　　　　　面接官氏名＿＿＿＿＿＿＿＿＿＿＿＿

入室〜着席　　　　　　　　　　　　　　1 悪い　2 普通　3 良い

項目	1	2	3
ドアのノック等、ビジネスマナーを心得ている。	1	2	3
入室時にきちんと挨拶ができる。	1	2	3
清潔感があり好感が持てる。	1	2	3

学生生活について

項目	1	2	3
目的を持って学生生活を送っている。	1	2	3
当社で生かせる専攻もしくはアルバイト経験がある。	1	2	3
評価できる成績がある。	1	2	3
部活等でリーダー的役割を担っている。	1	2	3

志望動機

項目	1	2	3
これまでの経験と関連性がある。	1	2	3
当社について熟知している。	1	2	3
今後のキャリアビジョンがある。	1	2	3
具体的な志望理由を語っている。	1	2	3

自己PR

項目	1	2	3
発揮できる強み・適性を語っている。	1	2	3
当社で生かせる強みを理解している。	1	2	3

コミュニケーション能力

項目	1	2	3
明快にわかりやすく語っている。	1	2	3
好感が持てる会話ができる。	1	2	3
説明を理解している。	1	2	3

面接終了時、退室時

入社したい意欲を強く感じる。　　　　1　　　2　　　3

通勤時間について

　　　　1．転居が必要　　2．1時間～2時間　　3．1時間以内

通勤方法(　　　　　　　　　　　　　　　　　　　　　　)

家族の理解

　　　　1．問題あり　　2．特になし　　3．協力的

他社の応募状況（　　　　　　　　　　　　　　　　　）

面接官コメント（　　　　　　　　　　　　　　　　　）

付録

　　　　　　　　　　　　　　　　年　　月　　日

面接チェックシート（中途採用）

　　　　　　　　　応募者氏名＿＿＿＿＿＿＿＿＿＿＿
　　　　　　　　　面接官氏名＿＿＿＿＿＿＿＿＿＿＿

入室～着席	1 悪い	2 普通	3 良い
ドアのノック等、ビジネスマナーを心得ている。	1	2	3
入室時にきちんと挨拶ができる。	1	2	3
清潔感があり好感が持てる。	1	2	3

これまでの仕事について

実績・評価を盛り込んで説明している。	1	2	3
回答が具体的であり信憑性がある。	1	2	3
当社で生かせる職務経験、職務能力がある。	1	2	3
異業種や未経験であっても当社で生かせるものがある。	1	2	3

退職理由

現状からの逃避でなく前向きな理由である。	1	2	3

志望動機

今までの職務経験と結びついた志望動機である。	1	2	3
前職で難しかったことを当社で実行したい。	1	2	3
具体的な志望理由を語っている。	1	2	3

自己PR

職務経験を踏まえて強みを語っている。	1	2	3
当社で生かせる強みを語っている。	1	2	3

コミュニケーション能力

明快にわかりやすく語っている。　　　1　　　2　　　3

好感が持てる会話ができる。　　　　　1　　　2　　　3

当社の説明を理解している。　　　　　1　　　2　　　3

面接終了時、退室時

入社したい意欲を強く感じる。　　　　1　　　2　　　3

通勤時間について
　　　　1．転居が必要　　2．1時間～2時間　　3．1時間以内

通勤方法(　　　　　　　　　　　　　　　　　　　　　　)

家族の理解
　　　　1．問題あり　　　2．特になし　　　　3．協力的

入社可能時期
　　　　1．4カ月以上　　2．1カ月～3カ月　　3．1カ月未満

給与・待遇面　　希望給与(　　万円)

面接官コメント(　　　　　　　　　　　　　　　　　　)

付録

キャリアシート（接客）

氏名（本人）＿＿＿＿＿＿＿＿＿＿＿＿

氏名（上司）＿＿＿＿＿＿＿＿＿＿＿＿

3カ月後の目標（　　年　　月記入）
(　　　　　　　　　　　　　　　　　　　　)

目標が達成されたか（　　年　　月記入）
(　　　　　　　　　　　　　　　　　　　　)

6カ月後の目標（　　年　　月記入）
(　　　　　　　　　　　　　　　　　　　　)

目標が達成されたか（　　年　　月記入）
(　　　　　　　　　　　　　　　　　　　　)

できている項目に○、できていない項目×を記入→本人が記入後上司に提出

	年　月		年　月		
項目	本人	上司	本人	上司	備考
笑顔で対応できる。					
好感のもてる挨拶ができる。					
声のトーンが適確である。					
疲れた表情・態度を見せない。					
顧客の名前を覚えている。					
制服・髪形が汚れていない。					

報告・連絡・相談を遵守する。				
チームワークを大切にする。				
状況に応じた接客ができる。				
商品知識に精通している。				
顧客の要望を把握できる。				
クレーム対応ができる。				
固定客をつかんでいる。				
日報・報告書が書ける。				
問題改善意識がある。				
顧客から褒められる。				
シフト調整ができる。				
アルバイトの指導ができる。				
販促の提案ができる。				

付録

掲載されている質問一覧　○良い回答　×悪い回答　(掲載頁)

【面接で確認すべき質問】

1 <u>当社で叶えたいことは何ですか？</u>（仕事の軸） …… 72
   ○自社で実現できる叶えたいことで、やるべきことを把握している。
   ×自社でなくても実現できる軸であり、思いが伝わらない。

2 <u>これまでに挫折したことは何ですか？</u>（ストレス耐性）…… 73
   ○挫折経験を分析しており、今後の糧にしている。
   ×ストレス耐性が弱い回答や問題意識がない回答をする

3 <u>当社で発揮できる能力とその根拠は何ですか？</u>（職務能力）…… 73
   ○求めている人材を把握したうえで、発揮できる強みと理由を説明できる
   ×自社で生かせる強みではなく、強みの信憑性が疑わしい。

4 <u>仕事をするうえで重視することは何ですか？</u>（仕事の価値観）74
   ○自社の社風と仕事の価値観がマッチングしている。
   ×社風と相違があり定着できるか疑わしい。

5 <u>いつから入社できますか？</u>（中途採用） …… 74
   ○在職中でも短期間で入社できる具体的な日時を提示する。
   ×曖昧な回答で入社意欲を感じない。

6 <u>就職活動の進捗状況を聞かせてください。</u>（新卒採用） …… 75
   ○応募している企業の中で第一志望だと明確に回答できる。
   ×方向性が定まっておらず、第一志望ではない。

【マズローの法則を応用した質問】

7 <u>仕事で大切にしていることは何ですか？</u> …… 95
   ○仕事への信念を回答できる。
   ×曖昧な回答でお茶を濁す。

8 <u>あなたにとって自己実現とは何ですか？</u> …… 96
   ○目指す方向性を明確に語る。
   ×曖昧な回答、または意識していない。

9 **逆境に立ち向かった経験がありますか？** ……… 96
　○経験とそこから得た教訓を語る。
　×経験がない、または曖昧な回答。

10 **仕事で認められないときどうしますか？** ……… 96
　○認められるためにチャレンジする姿勢を示す。
　×認められるために改善努力をしない。

【EQをチェックする質問】

11 **失敗経験から学んだことを具体的に説明してください。** ……… 98
　○今後の糧として前向きに捉えている。
　×失敗から得ることがなく失敗の意識が薄い。

12 **チームで達成した経験がありますか？** ……… 98
　○チームワークで得た経験を語る。
　×経験がない。チームワークの役割を理解していない。

13 **うまくいかないときどのように感情をコントロールしていますか？** … 98
　○コントロールして安定している。
　×コントロールしていない。意識をしていない。

14 **周囲の人間とどのように協調しますか？** ……… 98
　○協調を意識し具体的な回答をする。
　×協調する意識が乏しい。

【オンライン面接で回答の数を提示する質問】

15 **当社だからこそ発揮できる能力を3つお答えください。** ……… 113
　○自社だからこそ発揮できる能力を的確に回答できる。
　×求めている人材とマッチングしていない能力をアピールする。

16 **当社の課題を2つあげて、改善方法を説明してください。** ……… 113
　○企業研究をしていて、改善策もわかりやすく説明できる。
　×課題が批判的な内容で、説明が納得できない。

17 **社風で共感できることを2つお答えください。** ……… 113
　○企業研究をおこなっており具体的に回答できる。
　×曖昧な回答で、信憑性がない。

定番質問

【志望動機から派生する質問】

18 **どのようなキャリアゴールを目指していますか?** ……… 133
   ○自社で可能でやるべきことを理解している。
   ×曖昧な回答で自社でなくても可能。

19 **当社でなくても実現できるのでは?** ……… 133
   ○自社の特徴を語り入社意欲を示す。
   ×黙ってしまう。具体的な理由を述べない。

20 **そのためにあなたは何をすべきだと思いますか?** ……… 133
   ○求めている職務と合致し明確に回答する。
   ×曖昧な回答で把握していない。

21 **当社の企業情報をどのように調べていますか?** ……… 133
   ○多角的に情報を収集している。
   ×募集記事、HPからしか調べていない。

【自己PRから派生する質問】

22 **具体的な経験を語ってください。** ……… 135
   ○仕事で生かせる経験を語る。
   ×抽象的で仕事で生かせない。

23 **当社でどのように生かすことができますか?** ……… 135
   ○求めている職務と関連させて回答する。
   ×回答が曖昧で自社で生かせない。

24 **実力に対して周囲はどのように評価していますか?** ……… 135
   ○仕事で生かせる具体的な他者評価を回答する。
   ×回答が漠然としており仕事に関連しない。

25 **当社が期待していることは何だと思いますか?** ……… 135
   ○求めている人材を把握し回答する。
   ×漠然とした回答をする。

【長所・短所から派生する質問】

26 長所に該当する経験を教えてください。 ……… 137
○仕事でも生かせる長所を経験事例と共に語る。
×抽象的で経験事例がない。

27 長所を仕事でどのように生かせますか? ……… 137
○具体的で活躍するイメージを与える。
×漠然としており生かせるイメージを持てない。

28 短所が仕事で影響したことがありますか? ……… 137
○ないもしくはある場合でも解決している。
×入社後も問題を引き起こす可能性がある。

29 短所を克服しようとしていますか? ……… 137
○具体的な克服方法を語る。
×短所を克服しようとせず改善も見込めない。

【学生時代の質問から派生する質問】

30 打ち込んできたことをどのように仕事に生かせますか? ……… 139
○仕事内容を理解し具体的に回答できる。
×回答できないもしくは漠然とした回答。

31 サークルの人間関係で困ったことがありますか? ……… 139
○改善した方法まで語り今後の糧としている。
×人間関係の意識が希薄で回答できない。

32 アルバイト経験で仕事に生かせることがありますか? ……… 139
○活躍していたイメージを与え具体的に回答する。
×企業研究が足りず回答できない。

33 アルバイトした業界には興味がないのですか? ……… 139
○自社の業界への思いを語れる。
×迷いがある表情で方向性が定まっていない。

【職務経歴の質問から派生する質問】

34 具体的な実績や評価を教えてください。 ……… 141
○能力が高いことがイメージできる。
×曖昧な回答でイメージできない。

35 **当社独自のやり方がありますが大丈夫ですか？** ……………… 141
　○適応する意欲を示す。
　×不安な表情で回答する。

36 **業界が違いますが、問題ありませんか？** …………………… 141
　○業界研究をしており心配がない。
　×業界の理解がなく確信が持てない。

37 **マネジメント経験はありませんか？** ………………………… 141
　○具体的な経験を述べる。
　×経験がないもしくは興味がない。

38 **実績だけでなくプロセスを説明してください。** ………… 141
　○自社で生かせるプロセスを具体的に説明する。
　×回答が曖昧で信憑性がない。

【退職理由の質問から派生する質問】

39 **当社でも同様の理由で辞めませんか？** ……………………… 143
　○自社だからこそ入社したい意欲を示す。
　×辞めない理由に根拠を示さない。

40 **これまでの転職に一貫性がありませんね。** ………………… 143
　○指摘を認めつつ理由を明確に語れる。
　×回答に戸惑い明快な回答ができない。

41 **前職では実現できなかったのですか？** ……………………… 143
　○できない根拠を具体的に説明する。
　×できない理由に信憑性がない。

42 **なぜ同業界で転職するのですか？** …………………………… 143
　○志望動機とリンクした前向きな回答をする。
　×曖昧な回答で信憑性がない。

【志望動機の変形質問】

43 **多くの企業のなかでどうして当社がいいのですか？** …… 144
　○自社の特徴を理解し他社との違いを語れる。
　×自社でなくても通用する曖昧な回答。

44　**前職と同業ですがなぜ当社を志望するのですか？**（中途） …… 144
　○前職を否定せず自社でできることを示す。
　×回答に戸惑い明快な回答ができない。

45　**同業種の企業へ応募していますか？** …… 144
　○同業種であり方向性に信念を感じる。
　×異業種も含まれており方向性が定かでない。

【自己PRの変形質問】

46　**1分以内で自己PRしてください。** …… 145
　○時間をきちんと使い生かせる能力をアピールできる。
　×用意してきた回答で時間と合わない

47　**あなた自身を商品と捉えて売り込んでください。** …… 145
　○質問の意図を理解し的確にアピールできる。
　×意図を汲み取れずアピールができない。

48　**あなたが当社で発揮できる強みを一つ語ってください。** …… 145
　○求めている能力を強みとしてすぐに回答できる。
　×回答が絞れずすぐに回答できない。

【職務経験（学生時代）の変形質問】

49　**自己紹介してください。** …… 146
　○中途は職務経験、学生は学生時代を踏まえて回答する。
　×意図を理解せず回答できない。

50　**これまでの職務経験から当社で最も生かせる経験をお聞かせください。**（中途） …… 146
　○求めている職種と関連する経験を回答する。
　×関連性のない経験を回答する。

51　**これまでのお仕事について1分程度で説明してください。**（中途） …… 146
　○時間を守り生かせる職務を強調する。
　×時間を守れず携わった職務を回答する。

【退職理由の変形質問】

52 <u>これまでの企業は円満に退社されていますか？</u>（中途） ……… 146
　○円満で具体的な状況を説明する。
　×円満ではないもしくは一言円満と回答する。

53 <u>業績不振で辞められていますが、あなたは業績を上げるために何をしましたか？</u>（中途） ……………………………………………… 147
　○具体的に述べ責任感を感じる回答をする。
　×責任転嫁した回答をする。

54 <u>これまでの退職理由を簡潔にお聞かせください。</u>（中途） ……… 147
　○複数の退職理由に説得力がある。
　×自社でも同様の問題が懸念される。

【能力・適性を見抜く質問】

事務職

55 <u>なぜ事務職を希望するのですか？</u> ……………………………… 149
　○就きたい意志が明確で納得できる。
　×曖昧な回答で説得力がない。

56 <u>事務職から営業などに異動になることがありますが、大丈夫ですか？</u> ………………………………………………………………… 150
　○企業貢献を意識しており問題がない。
　×納得できない表情で問題がある。

57 <u>Excelはどの程度使えますか？</u> ………………………………… 151
　○具体的に使えるスキルを説明できる。
　×「使えます」など曖昧な回答をする。

58 <u>事務系の仕事で求められていることは何でしょうか？</u> ……… 152
　○自社の職務を理解したうえで回答する。
　×意識をしていないため明快な回答ではない。

59 <u>人事としての当社で発揮できる強みを教えてください。</u> ……… 153
　○求めている人材を踏まえて的確に回答する。
　×関連性がなく的確ではない。

営業職

60 <u>**営業職としてあなたが発揮できる強みを説明してください。**</u>（新卒） … 155
　〇職種を研究しており自己分析ができている。
　×漠然とした回答で伝わらない。

61 <u>**知人、友人からどのように思われていますか？**</u> ……………………… 156
　〇他者評価から良好な人間関係を確信できる。
　×良好な人間関係をイメージできない。

62 <u>**営業経験を当社でどのように生かせますか？**</u>（中途） ………… 157
　〇具体的な営業手法を説明できる。
　×企業研究が足りず適切な回答ではない。

63 <u>**営業経験で苦労したことをお聞かせください。**</u>（中途） ………… 158
　〇信憑性があり苦労を今後の糧としている。
　×信憑性がないもしくは悲観的に捉えている。

販売職

64 <u>**当社の店舗に行かれたことがありますか？**</u> ……………………… 159
　〇店舗の感想を含めて信憑性がある。
　×行っていないもしくは回答に信憑性がない。

65 <u>**売上向上のために意識していることはありますか？**</u> ………… 160
　〇顧客との関わり方やセールス方法など具体的な回答する。
　×曖昧な回答であり売上を向上できるイメージがわかない。

66 <u>**販売職としてマネジメント経験がありますか？**</u>（中途） ……… 160
　〇経験を自社で生かせる。
　×経験がないもしくは回答に信憑性がない。

技術職

67 <u>**学んできた技術をどのように生かせますか？**</u>（新卒） ………… 162
　〇職務を理解しており活躍が期待できる。
　×職務を理解しておらず漠然としている。

68 <u>**転職活動状況について教えていただけますか？**</u>（中途） ……… 163
　〇自社が第一志望であり入社意欲を感じる。
　×自社への入社意欲を感じない。

付　録

69 **5年後技術者としてどのようになりたいですか？** …… 164
　○自社でのビジョンを描き回答している。
　×イメージが曖昧で無理やり回答している。

70 **関わった主なプロジェクトと役割についてお話ください。** …… 165
　○自社で生かせるプロジェクト経験があり役割も評価できる。
　×求めている能力と合致しない。

71 **リーダーとしての経験がありますか？**（中途）…… 166
　○役割を理解しており活躍が期待できる。
　×経験がないもしくは回答に信憑性がない。

製造職

72 **なぜ製造職に就きたいと考えましたか？**（新卒）…… 167
　○就きたい思いが具体的で好感が持てる。
　×曖昧な回答であり意志を感じない。

73 **日本の製造職は今後どのようになると思いますか？** …… 168
　○的確な回答であり評価できる。
　×曖昧な回答で信憑性がない。

管理職

74 **管理職としての強みと部下の人数を教えてください。**（中途）169
　○自社で生かせる強みで能力が期待できる。
　×管理職としての経験に信憑性がない。

75 **管理職として失敗経験があれば聞かせてください。**（中途）…… 170
　○具体的な経験で糧としている。
　×経験が曖昧もしくは責任転嫁している。

【想定外の内容で本質を見抜く質問】

76 **仕事内容と待遇面ではどちらを優先しますか？** …… 171
　○仕事に対しての強い信念を感じる。
　×要領がいい回答で信憑性がない。

77 **上司と意見が合わない場合、どうしますか？**（中途）…… 171
　○企業貢献を念頭に回答できる。
　×意識が薄く回答に信憑性がない。

78 **あなたの仕事上の弱点は何ですか？（中途）** ……………… 171
　○自己分析とリカバリーができている。
　×信憑性がないもしくは自己分析ができていない。

79 **当社に入社できなかったらどうしますか？** …………………… 171
　○業界、職種への信念を貫き継続する。
　×ビジョンや対処法を考えていない。

80 **別の職種も適していると思いますがどう思いますか？（中途）** … 172
　○職種への思いと共に柔軟な姿勢がある。
　×職種に固定概念があり異動は難しい。

81 **当社に知り合いの方がいますか？** ……………………………… 172
　○いる場合は良好な関係を築いている。
　×いる場合縁故を強調する。

【コミュニケーション能力を見抜く質問】

82 **今日は、あいにくの雨ですね。** ………………………………… 173
　○会話がつながり好感が持てる。
　×会話がつながらない。

83 **余談ですが、休日はどのように過ごされますか？** ……………… 173
　○生活スタイルに問題がない。
　×生活スタイルが仕事に影響する。

84 **苦手なタイプの人とどのように付き合いますか？** ……………… 174
　○良好な人間関係を構築できる。
　×人間関係でトラブルを起こす可能性がある。

85 **部下とのコミュニケーションで意識していることはありますか？
　（中途）** ……………………………………………………………… 174
　○具体的な方法を経験に基づき語る。
　×漠然とした回答で信憑性がない。

86 **社外の人々と交流がありますか？（中途）** …………………… 174
　○積極的な交流がある。
　×興味がなく交流がない。

付録

【組織適応力を見抜く質問】

87 <u>人間関係で困ったことがありますか？</u> ……………………… 175
　○経験を糧として生かしている。
　×人間関係の構築について意識がない。

88 <u>仕事をおこなううえで嫌いなタイプはいますか？</u> ………… 175
　○納得できる回答で仕事に信念がある。
　×信憑性がないもしくは固執した回答。

89 <u>初対面の人とどのように接しますか？</u> …………………… 175
　○良好な人間関係を構築する方法を語れる。
　×特に意識していないもしくは信憑性がない。

90 <u>チームで仕事をしたことがありますか？</u>（中途） ………… 175
　○人間関係の重要性を理解している。
　×経験がないもしくは人間関係が希薄。

91 <u>組織が活性化するうえで大切なことは何ですか？</u>（中途） …… 176
　○経験に基づく回答で信憑性がある。
　×組織について意識が薄い。

92 <u>年齢の若い社員が上司になったらどうしますか？</u>（中途） …… 176
　○経験を含め問題がない。
　×回答だけでなく表情から問題が起きる可能性がある。

【責任感を見抜く質問】

93 <u>サークル活動でうまくいかなかったことがありますか？</u>（新卒） …… 177
　○経験から得たことを今後に生かせる。
　×責任転嫁もしくは結果のみ回答する。

94 <u>前職で失敗した経験をお聞かせいただけますか？</u>（中途） ……… 177
　○経験を今後の糧として回答する。
　×失敗がないもしくは責任転嫁する。

95 <u>正社員と派遣社員の違いは何だと思いますか？</u>（中途） ……… 177
　○正社員としての役割を理解している。
　×安定性等自分本意の回答をする。

96 **仕事における責任感とは何だと思いますか？**（中途） ･････････ 178
　○信憑性があり納得できる。
　×作られた回答で信憑性がない。
97 **仕事がうまくいかないときどのように考えますか？**（中途）･･･ 178
　○自己分析ができており対処法が的確である。
　×曖昧な回答であり信憑性がない。

【論理的思考力を見抜く質問】
98 **当社の○○の売上を３年間で２倍にするために行うべきことは何ですか？** ･･ 180
　○論理的にわかりやすく、納得できる説明をおこなう。
　×わかりにくい説明であり、説得力がない。
99 **○○の新規事業を立ち上げるうえで重要なことを２つあげて理由を説明してください。** ･････････････････････････････････････ 180
　○現実に即して的確な回答を論理的に説明する。
　×漠然とした回答であり、信憑性がない。

【ストレス耐性を見抜く質問】
100 **ストレス解消法はありますか？** ･････････････････････････････ 181
　○解消法があり納得できる。
　×特に意識していないため回答できない。
101 **仕事がうまくいかないとき気分をどのように変えていますか？**（中途） ･･･ 181
　○ストレス耐性がある。
　×明快に回答できずストレス耐性に疑問がある。
102 **アルバイトの話ばかりですが、勉強はしなかったのですか？**（新卒）（圧迫面接） ･･･ 181
　○指摘に対して謙虚さと今後について語れる。
　×言い訳の回答であり好感が持てない。

103 **転職回数が多いけど、またすぐに転職するのでは？**（中途）
（圧迫面接） ······ 182
○指摘を否定せず今後について意志が強い。
×表情が変わり回答も曖昧である。

104 **前職を退職してからブランク期間が長いけど、仕事ができるのですか？**（中途）（圧迫面接） ······ 182
○自己研鑽をおこない不安がない。
×不安な表情で回答する。

【未経験の職種への意気込みを見抜く質問】
105 **自己研鑽していることがありますか？** ······ 183
○自社で活用できる自己研鑽をおこなっている。
×何もしていないもしくは信憑性がない。

106 **なぜ未経験の職種を希望するのですか？**（中途） ······ 183
○就きたい思いが具体的で理解できる。
×曖昧な回答で思いを感じない。

107 **年齢が若い社員に指導されますが大丈夫ですか？**（中途） ······ 183
○戦力になりたい強い意志がある。
×不安な表情で回答に信憑性がない。

108 **給与が前職より大幅に下がりますが大丈夫ですか？**（中途） ······ 184
○仕事に自信と意欲を感じる。
×表情が変わり納得していない。

109 **キャリアビジョンを聞かせてください。**（中途） ······ 184
○未経験の職種を理解している。
×職種について理解がなく曖昧な回答。

【聞きにくい質問】
110 **今後仕事についてどのように考えていますか？**（中途） ······ 186
○長く続けていく強い意志がある。
×不安な表情、曖昧な回答。

111 <u>業務に支障を与える病気や怪我はないですか？</u> …… 186
　○支障を与えるものはないと明確に回答する。
　×回答が曖昧で信憑性がない。

112 <u>お子さんが病気になったらどうしますか？</u>（中途）…… 186
　○配偶者、周囲の協力がある。
　×具体的な対応策がない。

113 <u>仕事と生活の両立は大丈夫ですか？</u>（中途）…… 186
　○配偶者とよく話をしており問題ない。
　×回答に信憑性がない。

114 <u>宿泊を伴う出張がありますが大丈夫ですか？</u>（中途）…… 187
　○生活環境に問題はない。
　×難しいもしくは回答が曖昧。

あとがき

　先日サービス業の経営者が、新卒面接で圧迫面接を中心におこないストレス耐性を見抜いているとおっしゃっていました。顧客からのクレームなどに耐えられる社員を採用する意図があるようですが、厳しい面接で涙ぐむ応募者もいるようです。このような面接はとてもナンセンスで、残念に思いました。上から目線の面接をおこない、厳しい圧迫面接に耐え抜いたものだけが採用されるという状況は、サービス業の面接としてはいかがなものかと思います。ストレス耐性を圧拍面接で見抜くことはできますが、応募者の心理的な負担を考えれば、本当に正しいのでしょうか。ストレス耐性を重視するならば、適性検査やストレス耐性を見抜く質問をおこなえば見極めることができます。サービス業は、顧客のクレームに耐えられるストレス耐性より、顧客により満足を提供できるホスピタリティが重要ではないでしょうか。不採用になった応募者は、二度とその企業のサービスを利用することはないでしょうし、厳しい指摘に耐えた内定者が、入社後生き生きと働き定着していけるのか疑問です。

　面接は、採用する側が偉いわけではありません。応募者も企業を選択しています。採用担当者は自社にふさわしい人材であることを見抜くと同時に、応募者も人生を託せる企業かどうか見極めています。面接官の判断で、応募者の人生は変わります。テクニックだけの面接では、応募者は本心を語ろ

うとしません。作られた応募者の姿をいくらジャッジしても、入社後ミスマッチを起こします。

面接は、面接官と応募者の真剣勝負です。短い面接時間で、本音で語り合える状況でお互いに見極めているのです。

本書をお読みいただいた皆さまは、ぜひ応募者の記憶に一生残るような面接をしてください。私が新卒で入社した企業の面接官の言葉や表情は、数十年経った今でも鮮明に覚えています。温かい眼差しで真剣に回答を聞いてくれたことで、面接終了後には、ぜひ入社したいとワクワクした気持になっていました。

面接は、テックニックやこれまでの経歴だけでは人を見抜けません。本書を活用し、応募者の本音を引き出す質問を投げかけ、回答内容だけでなく表情、態度を含めて見抜いてください。そして採用した人材を仲間として受け入れ、能力を思う存分発揮できる環境を提供してください。採用は、採用すれば終わりではありません。採用した人材が活躍できる道筋を作ることも、採用担当者の役割なのです。

皆さまの企業が、良い人材を採用し益々発展することを、心から祈願しています。

末筆になりましたが、本書を執筆するにあたり経営書院の編集部には並々ならぬご尽力をいただきました。書面をもって感謝の気持ちをお伝えできればと思います。

谷所 健一郎

プロフィール

谷所 健一郎（やどころ けんいちろう）
有限会社キャリアドメイン 代表取締役
http://careerdomain.net
キャリア・デベロップメント・アドバイザー（CDA）

東京大学教育学部付属高校在学中にニューヨーク州立高校へ留学。武蔵大学経済学部卒業後、株式会社ヤナセに入社。その後、株式会社ソシエワールド、大忠食品株式会社、株式会社綱八で、新卒・中途採用業務に携わる。1万人以上の面接をおこない人材開発プログラムや業績評価制度を構築する。株式会社綱八で人事部長を務めたのち独立。1万人以上の面接と人事に携わってきた現場の経験から、人事コンサルティング、執筆、講演、就職・転職支援を行なう。ヤドケン転職塾、キャリアドメインマリッジを経営。

主な書籍
『良い人材を確実に採用し定着させるポイント』（経営書院）
『人事のトラブル 防ぎ方・対応の仕方』（C&R研究所）
『即戦力になる人材を見抜くポイント86』（創元社）
『「できる人」「できない人」を見抜く面接術』（アスキー・メディアワークス）
『新版「できない人」の育て方 辞めさせ方』（C&R研究所）
『できる人を見抜く面接官の技術』（C&R研究所）
『はじめての転職ガイド 必ず成功する転職』（マイナビ）
『「できる人」「できない人」を1分で見抜く77の法則』（フォレスト出版）
『テレワーク時代のできない人の育て方・辞めさせ方』（C&R研究所）他多数

改訂版 良い人材を見抜く 採用面接ポイント

2014年2月28日　第1版第1刷発行
2018年8月5日　第1版第5刷発行
2025年2月20日　第2版第1刷発行

著　者　　谷　所　健一郎
発行者　　平　　盛　之

㈱産労総合研究所
出版部 経営書院

〒100-0014　東京都千代田区永田町1-11-1
三宅坂ビル
電話 03（5860）9799
https://www.e-sanro.net/

本書の一部または全部を著作権法で定める範囲を超えて、無断で複製、転載、デジタル化、配信、インターネット上への掲出等をすることは禁じられています。本書を第三者に依頼してコピー、スキャン、デジタル化することは、私的利用であっても一切認められておりません。

落丁・乱丁本はお取替えいたします。　　　印刷・製本　中和印刷株式会社
ISBN 978-4-86326-390-1